本书由江苏大学专著出版基金资助

高技术产业生态转型的
动力系统研究

李文超　贺　丹　著

RESEARCH
ON THE DYNAMIC SYSTEM OF
HIGH-TECH INDUSTRIAL
ECO-TRANSFORMATION

江苏大学出版社
JIANGBU UNIVERSITY PRESS

镇江

图书在版编目(CIP)数据

高技术产业生态转型的动力系统研究/李文超,贺丹著.—镇江:江苏大学出版社,2013.12
ISBN 978-7-81130-638-5

Ⅰ.①高… Ⅱ.①李… ②贺… Ⅲ.①高技术产业—生态学—研究 Ⅳ.①F062.9

中国版本图书馆 CIP 数据核字(2013)第 307149 号

高技术产业生态转型的动力系统研究
GAOJISHU CHANYE SHENGTAIZHUANXING DE DONGLI XITONG YANJIU

著　者/李文超　贺　丹
责任编辑/柳　艳
出版发行/江苏大学出版社
地　　址/江苏省镇江市梦溪园巷 30 号(邮编:212003)
电　　话/0511-84446464(传真)
网　　址/http://press.ujs.edu.cn
排　　版/镇江文苑制版印刷有限责任公司
印　　刷/丹阳市兴华印刷厂
经　　销/江苏省新华书店
开　　本/890 mm×1 240 mm　1/32
印　　张/6.75
字　　数/170 千字
版　　次/2013 年 12 月第 1 版　2013 年 12 月第 1 次印刷
书　　号/ISBN 978-7-81130-638-5
定　　价/32.00 元

如有印装质量问题请与本社营销部联系(电话:0511-84440882)

目　录

第1章 导 论

1.1 研究背景

进入 21 世纪之后,我国高技术产业的发展呈现出高增长的趋势。从 2001 年开始,我国高技术产业产品产值年均增长率为 18%,高于 GDP 年均增幅,到 2010 年我国高技术产业新产品产值达到 15 465 亿元;高技术产业出口交货值年均增幅 24%,到 2010 年达到 37 408 亿元。我国已成为仅次于美国的世界第二大高技术产业贸易国。然而在取得巨大成就的同时,也应保持高度清醒的认识,即中国依旧是一个发展中的大国而非强国。无论是从高技术产业的研发投入占产业增加值的比例来看,还是从新产品产值占总产值的比例来看,我国均与世界发达国家存在较大差距,这说明我国还并不是一个具有很强自主创新能力的国家,缺乏具有自主知识产权的核心技术。[①]

与此同时,工业化进程中长时间的粗放式发展模式导致我国面临一系列的环境和能源问题。2000 年我国的二氧化硫的排放量已经高达 1 995 吨,到 2005 年增加到 2 549 吨。虽然其后 5 年通过各方面的努力使二氧化硫排放量降低到 2 200 余吨,从而实现了"十一五"规划的目标,但依然处于较高的排放水平。我国的水污染处理形势严峻,工业废水排放总量在 2009 年

---

① 国家发改委高技术产业司。http://gjss.ndrc.gov.cn/。

达到了 234 亿吨，比 2000 年高出 10%；此外湖泊富营养化、地下水被过度抽取导致地表下沉和地下水污浊等现象在我国已越来越常见。固体废弃物产生量也从 2000 年的 8 亿吨以上上升到 2009 年的 20 亿吨以上，增长近两倍。而在能源方面，即使不考虑国际因素，我国也处于危机之中：2009 年我国的能源消耗是 30 亿吨标准煤，比 2000 年增加了一倍[1][2]。根据国际知名的千年研究所构建的中国 T21 模型的预测，按照这样的能源消费速度，全世界的能源也只够中国消耗 74 年[3]。这些环境污染和能源消耗方面的数据或多或少体现了我国当前经济发展、工业化进程中与环境和资(能)源方面的矛盾。

进入 21 世纪的第二个十年，我国面临的任务不仅仅是在创新能力上要奋起直追，同时也要保护环境和提高资(能)源的利用效率。单纯强调技术创新以改变生产约束函数从而创造新产品或提升产品质量的生产模式，尽管能够促进经济增长，然而却未必能够对保护环境和节约资源起到良好作用，因为创新的主体是企业，公共物品的外部性使得企业未必会关心一项新的技术会对环境产生的影响，而可能更关心该技术能否为企业带来实际的经济效益，这样的结果使技术创新甚至可能对环境有进一步的破坏作用(如塑料、DDT 杀虫剂等)。但一味强调保护环境和节约资源并强行纳入政绩考核，又可能导致地方政府"拉闸限电"，以限制经济发展的方式完成政绩考核的指标，进而导致国家经济发展滞后。事实证明，通过走传统发达国家的老路来发展经济对我国来说是不可能的，因为能源消耗太大，环境也难以承受。如何才能既保证经济的增长，又能保护环境和节约资源

---

① 国家统计局：《中国能源统计年鉴 2010》，中国统计出版社，2010 年。
② 国家统计局，环境保护部：《中国环境统计年鉴 2010》，中国统计出版社，2010 年。
③ 联合国环境规划署：《中国绿色经济展望 2010—2050》，2009 年。

呢？这一重要考虑在我国"十二五"规划中也有体现,强调提升自主创新能力、发展经济的同时,也要求注重资源节约和环境友好①。

　　基于当前中国经济发展所处的背景,本书认为提升自主创新能力、保证经济增长是中国必须要完成的目标,但是我们需要寻求新的发展模式,即能够在完成这个增长目标的同时保护环境和节约资源的生态经济发展模式。当前很多中外学者均在研究这类问题,然而经过仔细阅读相关文献及结合实证,作者认为,若要实现生态经济发展模式,必须要对当前经济发展模式进行生态转型,而产业生态转型是经济生态转型的根本着力点。要提升自主创新能力,根本着力点则是要尽快掌握具有自主知识产权的核心技术,使我国从自主创新大国转向自主创新强国。从国际经验来看,大多数发达国家是先发展经济然后再促使经济生态转型,但是该模式不适合中国国情。中国必须同时发展经济和优化生态环境,才能够实现"大道"理论,用较短的时间在经济和环境方面赶上发达国家。因此,中国必须进行高技术产业生态转型。

　　值得庆幸的是,很多学者已经注意到中国当前所处的形势,开始重视有关能够同时实现经济(产业)增长和生态环境方面的影响因素的研究。有的学者通过构建企业竞争的博弈模型论证竞争是一种影响因素,也有学者试图运用创新理论解释创新对其的促进作用,还有学者则强调运用道德伦理和经济两类手段去影响消费者从而实现目标,此外部分学者认为政府在整个产业发展中应起到一定的作用(相关学者的研究综述详见第 2章)。然而无论是经济增长、经济成长还是产业生态转型,均是

---

　　①　国民经济和社会发展第十二个五年规划。http://www.chinacourt.org/html/article/201010/28/433483.shtml。

复杂的动态系统,并且生态转型的目的也是经济和生态方面的双赢,促使高技术产业生态转型则是更加复杂的动态系统,单一影响因素很难全面深入地解释该转型的动因和方式。因此,本书尝试通过理论阐述和构建模型来论证高技术产业生态转型动力系统的存在、运行方式以及效果的衡量,为中国缓解经济发展与环境保护及资源消耗之间的矛盾提供有可行性的理论指导。

企业、消费者以及政府也开始逐步重视经济发展与生态之间的互相影响。企业从最初的抵制环境保护到从环境保护中寻求商机是企业对生态问题态度的一个质的转变。很多企业都从生态转型中获益,并借此获得竞争优势。消费者主要是受到身边环境的不断恶化以及各种媒体宣传的影响,逐步改变自身的消费偏好,越来越重视产品的使用和报废所引起的环境污染以及资源消耗的问题。能源价格的不断上涨、生存环境的不断恶化和核心技术的缺失使我国为经济增长支付了昂贵的成本,当前政府对经济发展方式的选择有限,因而将经济发展与生态之间的协同互动视为解决其所处困境的唯一路径。本书所研究的动力系统可以正确规范企业、消费者以及政府在现实经济发展中各自的行为,针对各自不同的行为主体提出具体的行为准则,具有重要的现实意义。

1.2 研究概况

1.2.1 高技术产业环境污染

传统产业的环境污染和资源消耗问题早已引起相关学者的重视,但作者查阅相关研究文献发现,高技术产业实际上也需要进行生态转型,因为其污染可能比传统产业有过之而无不及。吉田文和指出,高度发达的科技也会导致出现一种新的污染,即"高科技污染"。高技术产业一直留给人们污染较少的印象,而实际并非中此①,夏太涛等人和张玉赋分别以发达国家和江苏省为例研究得出,发达国家和江苏省均存在严重的高技术污染问题,但这些问题往往因为高技术产业在经济方面的成功而被忽视,并对此提出各自的政策建议②③。张婷以半导体工业为例指出其生产过程有诸多程序对人体健康有害④;张小兰进一步将高技术产业的污染分为电磁波辐射污染,重金属污染,电子垃圾污染,气体、光、声污染和其他未知污染⑤。蔡乾和、陈艳丽指出高技术产业污染有污染速度快、范围广,经济损失巨大、浪费严重和潜伏性、持久性等特性之后,分析并指出科技进步是导致高技术产业污染的原因,而高技术产业污染又对科技进步指明了方向⑥。关劲峤等则在国内首次运用驱动力模型实证分析了江苏省各个高技术产业污染的原因,并发现导致高技术产业污染的原因有很多,但都直接与企业或政府有关⑦。张攀等人认为,由于高技术产业园存在多重污染、土地供需矛盾、重复建设和浪费加剧等问题,因此需要建设高新技术产业生态园⑧。胡汉辉、汪朗峰基于生态学视角进一步强调高技术产业的发展离不开制造业的发展,高技术产业与制造业存在种群依赖关系;若

---

① 吉田文和:《高技术污染》,中国环境出版社,1998年。

② 夏太涛,倪杰,张玉赋:《发达国家高新技术产业环境污染基本情况研究》,《科学学与科学技术管理》,2005年第4期。

③ 张玉赋:《江苏省高新技术产业污染情况调查及对策研究》,《中国科技论坛》,2006年第1期。

④ 张婷:《警惕新的污染源:高技术污染》,《科技进步与对策》,2001年第9期。

⑤ 张小兰:《对高新技术产业污染特殊性的思考》,《科技管理研究》,2009年第10期。

⑥ 蔡乾和,陈艳丽:《科技进步与高科技污染的关系初探》,《理论月刊》,2004年第11期。

⑦ 关劲峤,黄贤金,朱德明,等:《高科技污染问题及驱动力模型研究》,《中国人口资源与环境》,2005年第4期。

⑧ 张攀,耿涌,姜艳玲:《高新技术产业园生态建设模式研究》,《科技进步与对策》,2008年第8期。

制造业发展阶段偏低，可能会抑制高技术产业的发展[1]。

由此可见，不仅是传统产业，高技术产业也亟须产业生态转型，换言之，所有产业可能均需要进行产业生态转型。而针对高技术产业的生态转型与传统产业的生态转型研究一样，尚未形成某种共识，因此促使高技术产业生态转型已迫在眉睫。

1.2.2　产业生态系统演化

高技术产业生态转型的最终目的是使产业经济系统转型为产业生态系统，而产业生态系统（Industrial Ecosystems，IE）是试图让产业系统向自然生态系统学习而提出的系统概念。Jelinski等认为，产业生态系统可以比拟自然生态系统而构建[2]；Ehrenfeld 和 Gertle 指出，经历过几十亿年演化的自然生态系统是唯一可借鉴的可持续发展的系统[3]。Lifset 和 Graedel 将这一思想进一步细化，认为产业生态系统的"产业性"体现在产品的设计、生产以及销售的整个过程中；"生态性"体现在应用模拟生态系统模型进行环境友好型的生产活动（或人类科技活动）的过程中，又体现在将这些活动放到更广阔的生态支持系统中去的过程中[4]。

产业生态系统也被称为生态产业园（Eco-industrial Park，EIP）。Korhonen 从这个意义上将产业生态系统定义为由制造业和服务业企业群落与其所在地域的资源和环境组成的、具有

---

①　胡汉辉，汪朗峰：《我国高技术产业和制造业种群演化规律的生态研究》，《科学学研究》，2009 年第 10 期。

②　Jelinski L，Graedel E，et al. Industrial ecology：concepts and approaches. *Proceedings of the National Academy of Sciences*，1992(89)。

③　Ehrenfeld J，Gertle N. Industrial ecology in practice：the evolution of interdependence at kalundborg. *The Journal of Industrial Ecology*，1997(1)。

④　Lifset R，Graedel E. *Industrial ecology：goals and definitions*. Edward Elgar Publishing Ltd. ，2002。

高效经济过程与和谐生态功能的系统[①]。产业生态系统又被称为产业共生(Industrial Symbiosis，IS)网络，Lambert 和 Boons 从这个意义上将产业生态系统定义为由企业间的设备共享、废弃物集中处理和废弃物、多余能量的交换等产业共生关系构成的系统组织[②]；Chertow 将其定义为区域经济活动中所有组织间相互关系的总和，这时的合作行为在当地需求与生产能力之间架起了一座桥梁，提高了资源利用效率，改善了环境质量，带来了经济效益[③]。

近年来，不少中国学者从不同的角度研究了产业生态系统的演化。郭莉等运用协同学的哈肯模型，建立了产业生态系统演化方程，以北京、上海等 21 个省市为样本进行了实证研究[④]；刁晓纯、苏敬勤基于交易费用理论和企业资源理论论述了产业生态网络演进的两种方式：不断提高生态效率和固化核心能力[⑤]；张攀、耿涌从系统、产业、企业三个层面分析了产业生态系统多样性的发展机制[⑥]；赵玉林、陈静运用自组织理论方法，考察了美国硅谷产业生态系统的演化，揭示了高技术产业系统的

[①] Korhonen J. Some suggestions for regional industrial ecosystems. *Eco-Management and Auditing*, 2001(1).

[②] Lambert A, Boons F. Eco-industrial parks: stimulating sustainable development in mixed industrial parks. *Technovation*, 2002(8).

[③] Chertow R. Industrial symbiosis: literature and taxonomy. *Annual Review of Energy and Environment*, 2000(3).

[④] 郭莉，苏敬勤，徐大伟：《基于哈肯模型的产业生态系统演化机制研究》，《中国软科学》，2005 年第 11 期。

[⑤] 刁晓纯，苏敬勤：《基于序参量识别的产业生态网络演进方式研究》，《科学学研究》，2008 年第 6 期。

[⑥] 张攀，耿涌：《产业生态系统多样性发展机制研究》，《中国软科学》，2008 年第 6 期。

自组织演化机制[1][2]。

1.2.3 高技术产业可持续发展的动力因素

从当前主流观点来看,无论是产业成长还是产业生态转型,其动力因素主要包括企业、消费者和政府三大主体,其中企业又分为企业竞争和企业创新两类行为。

（1）企业竞争

Feurer 指出,认为企业竞争能够促使产业生态转型的研究学者很多都有产业组织学的背景,他们认为市场是竞争相同类型客户的企业集合;虽然这些研究学者依然是在研究企业管理,但研究得更多的是企业的外部管理战略生态化以及企业如何以此获得竞争优势[3]。樊海林和程远认为企业为了获得竞争优势而降低生态影响,生态效益的获得是通过有目的的技术创新或者组织创新,而不是构建某种评价体系并针对评价体系的指标去提高生态效益[4]。关于企业竞争能够促使产业生态转型,学术界有两个主流研究观点:"波特假说"和"企业的禀赋"。

波特认为企业需要一种有经济效率的环境约束规制,从而可以激励企业提升生态效益,使企业获得一种潜在的竞争优势。企业进而可以利用这种优势提高生产率、降低生产成本以及开

---

① 赵玉林,陈静:《高技术产业生态系统的自组织演化机制与发展对策》,《武汉理工大学学报(社会科学版)》,2003 年第 5 期。

② 陈静,赵玉林:《美国加州高技术园区的生态系统分析及启示》,《武汉理工大学学报》,2002 年第 7 期。

③ Feurer C. Defining competitiveness：a holistic approach. *Management Decision*,1994(2).

④ 樊海林,程远:《产业生态:一个企业竞争的视角》,《中国工业经济》,2004年第 3 期。

发新市场的费用①。这就是"波特假说",它认为具有市场机制特性的环境规制可以影响到产业内的所有企业,但是由于每个企业本身的生态适应能力不一样,这种约束机制对每个企业的影响程度也不一样,从而实现优胜劣汰。但"波特假说"仅注意到影响生态适应能力的一个方面:创新。Landis Gabel 则并不同意该观点,他认为假说中降低环境污染能够收回成本甚至盈利的设想在很多产业里都很难实现,否则为何政府为很多产业提供财政补助以使其排放达到一定标准?没有企业会盲目地遵守环境规制,因为那样会降低企业的竞争力②。

"企业禀赋"的代表人物 Hart 则认为竞争优势来源于企业特有的能力③,Schaltegger 和 Synnestvedt 将其进一步细分为:将股东的利益考虑到企业战略中,更有秩序地学习以及持续创新④,这样企业以优化自身的组织形式获得竞争优势同时提升生态效益,与"波特假说"相比,该理论更强调企业通过自身的改善而非外在作用。但总体来说,企业若想获得竞争优势,需要开展可持续性研究,不仅要评估当前资源的价格和可获得性,也需要评估未来资源的可获得性;对废弃资源的数据进行详细的统计以获得新的商机;进行创新以更好地利用企业周边的废物等。而政府作为规制的参与者需要在考虑到企业的生态承受能力的

① Porter M,Linde C. Toward a new conception of the environment competitiveness. *Journal of Economic Perspective*,1995(4).

② Landis Gabel,Sinclair-Desgagné. The firm, its routines and the environment. In: Tietenberg,Folmer. *The international yearbook of environmental and resource economics* 1998/1999. Edward Elgar Publishing Ltd. ,2000.

③ Hart S. A natural-resource-based view of the firm. *Academic Management Review*,1995(4).

④ Schaltegger S,Synnestvedt T. The link between "green" and economic success. *Journal of Environment Management*,2002(4).

前提下，引导同类企业进行适度的竞争①②③④，因此企业竞争要素对产业生态转型具有动力影响。

（2）生态创新

很多学者认为创新能够直接促使产业生态转型。Palmer 详细地分析了企业的创新动力，并指出创新有利于减少环境污染，同时带来经济效益，因为其降低了减少环境污染的边际成本⑤。Jaffe 等人也认为技术创新可以极大地降低治理环境的边际成本，虽然从现实来看环境政策压抑了这类技术创新⑥。但是此后就有学者开始反驳，Thierry 等人通过构建数学模型研究指出，创新并不一定能够在降低环境污染的同时带来经济效益，相反可能增加环境污染和降低经济效益，这需要视具体的情况而定⑦。

之所以出现上述争论，是由于这些学者没有区分创新与生态创新之间的区别，实际上，也只有生态创新才能够促使高技术产业生态转型。自从 Rennings 指出生态创新是指向可持续发展的创新，并详细地分析了如何实现生态创新之后⑧，生态创新

---

① Jaffe A, Newell R. Environmental policy and technological change. *Environmental Economic Research*, 2002(5).

② Bansal P. Evolving sustainably: a longitudinal study of corporate sustainable development. *Strategic Management Journal*, 2005(3).

③ Johnstone N. *Environmental policy and corporate behaviour*. Edward Elgar Publishing Ltd., 2007.

④ Rehfeld M, Rennings, et al. Integrated product policy and environmental product innovations: an empirical analysis. *Ecological Economics*, 2011(4).

⑤ Palmer K, Oates E, et al. Tightening the environmental standards: the benefit-cost or the no-cost paradigm? *Journal of Economic Perspectives*, 1995(9).

⑥ Jaffe A, Newell G, et al. A tale of two market failures: technology and environmental policy. *Ecological Economics*, 2005(8).

⑦ Thierry B, Pierre J. Environmental innovation and the cost of pollution abatement revisited. *Ecological Economics*, 2008(2).

⑧ Renning K. Redefining innovation eco-innovation research and the contribution from ecological economics. *Ecological Economics*, 2000(2).

研究逐步增多。Ayres 指出,产业生态系统与自然生态系统的演化方式不一致,自然生态系统依据达尔文的"自然选择"学说进行缓慢变化,而产业生态系统则主要依靠生态创新进行演化[1]。Grigg 在其著作中指出,当前人类社会正面临绿色革命,而其中很重要的一个影响因素是"绿色创新",因此如何引导创新转变为绿色创新是重要的议题[2]。Hart 通过构建产品导向的新增长模型得出结论,认为通过三种方法可以促使产业生态转型:鼓励环境导向的研究、将生产力集中在优势产品、将生产工人培养为科研人员[3]。Greaker 通过构建数学模型分析指出,环境创新有利于企业获得进入上游产业的机会,能够扩大企业的规模和收益[4]。Beise 和 Rennings 研究证明,生态创新离不开需求和严格的规制激励,只有这样生态创新才能够出现,才能够被一个国家引入另一个国家[5]。Huppes 和 Ishikawa 认为,生态创新与一般意义的创新不一样,一般的创新仅能够带来经济或生态效益,而生态创新能够同时提升经济和生态效益[6]。

[1] Ayres R. On the life cycle metaphor: where ecology and economics diverge. *Ecological Economics*, 2004(4).

[2] Grigg D. *Green Revolution*, *International Encyclopedia of the Social & Behavioral Sciences*. Oxford, 2004.

[3] Hart R. Growth, environment and innovation—a model with production vintages and environmentally oriented research. *Journal of Environmental Economics and Management*, 2004(11).

[4] Greaker M. Spillovers in the development of new pollution abatement technology: a new look at the Porter-hypothesis. *Journal of Environmental Economics and Management*, 2006(7).

[5] Beise M, Rennings K. Lead markets and regulation: a framework for analyzing the international diffusion of environmental innovations. *Ecological Economics*, 2005(1).

[6] Huppes G, Ishikawa M. Eco-effciency guiding micro-level actions towards sustainability: ten basic steps for analysis. *Ecological Economics*, 2009(4).

王慧也强调生态创新有利于我国产业转型和培育主导产业[①]。Wagner 以欧洲为例研究证明，从理论上说生态创新需要环境管理系统，但实际上环境管理系统能够促进生态创新的效果并不明显[②]。Carmen 等人认为环境创新能够有效地减少环境污染，但是环境政策管理引导环境创新的能力确实是相对较小的[③]。Frondel 等人对德国的制造业进行实证分析也发现了类似的问题[④]。Tsur 等人认为造成这种现象的原因主要是环境政策无法监控企业的研发资金流向，因为该流向不可见[⑤]。Nameroff 等人以美国化工产业为例，研究指出绿色创新确实能够在政府规制之下产生，但是其成本过高致使美国化工产业发展落后[⑥]。Naghavi 指出，生态创新能够有效地规避"绿色壁垒"、降低关税，从而使企业获得国际竞争力，但是生态创新成本较大，需要对企业进行一定的补助[⑦]。Yousef 等人认为，环境创新能够改善企业经济效益，企业在环境规制和经济效益提升的双重压力下寻求环境创新[⑧]。Akira 通过构建全球社会系统的

① 王慧：《我国生态创新产业发展问题的探讨》，《生态经济》，2005 年第11 期。

② Wagner M. Empirical influence of environmental management on innovation：evidence from Europe. *Ecological Economics*，2008(6).

③ Carmen E，Carrión，et al. Environmental innovation and environmental performance. *Journal of Environmental Economics and Management*，2010(1).

④ Frondel M，Horbach J. What triggers environmental management and innovation? Empirical evidence for Germany. *Ecological Economics*，2008(5).

⑤ Tsur Y，Zemel A. The Regulation of Environmental Innovations. *Journal of Environmental Economics and Management*，2002(9).

⑥ Nameroff R，Garant J，Albert M. Adoption of green chemistry：an analysis based on US patents. *Research Policy*，2004(9).

⑦ Naghavi A. Can R&D-inducing green tariffs replace international environmental regulations? *Resource and Energy Economics*，2007(11).

⑧ Yousef Eiadat, et al. Green and competitive? An empirical test of the mediating role of environmental innovation strategy. *Journal of World Business*，2008(3).

模型指出,绿色创新能够有效地减少环境的污染,日本在这方面领先于世界,因为其环境政策有利于绿色创新,企业可以接受绿色创新的成本,但若想全球生态环境得以改善,需要全球共同进行努力,而其中就包括生态创新①。

但也有学者对此提出了隐忧。Bretschger 认为虽然从理论上来看,生态创新现阶段能够进行有效的资源节约,然而生态创新对自然环境作用的动力机制尚不清楚,需要进一步研究②。Sartorius 分析指出生态创新也许在静态的环境是有效的,但是在动态的环境变化中,可能会产生新的问题,导致更严重的污染③。Wang 等人研究后发现,生态创新不一定能够给企业带来额外的产品附加值,但企业所掌握的知识越全面,其附加值就越高,因此企业需要不断提升在各个方面的学习知识能力和掌握知识的水平④。Steven 通过反向研究发现,创新不仅受制于政策规制,同时还能够影响规制的制定,这取决于企业能力的大小⑤。

但总体说来,生态创新正在逐步走向成熟。Jan 等人通过对过去十年间发达国家生态创新的环境政策分析发现,环境政策与生态创新的互动正从典型到范式逐步发展,环境政策对生

---

① Akira Onishi. A new challenge to economic science: global model simulation. *Journal of Policy Modeling*, 2010(1).

② Bretschger L. Economics of technological change and the natural environment: how effective are innovations as a remedy for resource scarcity? *Ecological Economics*, 2005(8).

③ Sartorius C. Second-order sustainability conditions for the development of sustainable innovations in a dynamic environment. *Ecological Economics*, 2006(11).

④ Wang Heli, Chen Weiru. Is firm-specific innovation associated with greater value appropriation? The roles of environmental dynamism and technological diversity. *Research Policy*, 2010(2).

⑤ Steven L. The strategic use of innovation to influence regulatory standards. *Journal of Environmental Economics and Management*, 2006(11).

态创新的作用效率越来越高①。与此同时,生态创新也开始逐步量化,Andreas 将环境政策运用到技术进步的经济学模型里面,分三个指标测量生态技术,即合作投资进行研发、知识溢出和干中学②。Zwaan 等人将内生生态技术改进进行量化,并运用到大气研究模型中③。Popp 进一步通过对专利分类来衡量生态技术进步,在运用到环境模型之后认为当前生态技术的量化工作尚处于初期阶段,需要深入的研究④。

(3) 生态消费

张剑春认为生态消费是指人的生态需求的满足与实现,而生态需求是人类在自身发展过程中,对生态平衡关系确定和生态平衡创建的一种需求⑤。曾坤生则定义其为人的生态需要的满足与实现⑥。柏建华将生态消费总结为是一种绿化的或生态化的消费模式,它既符合物质生产的发展水平,又符合生态生产的发展水平;是既能满足人的消费需要,又不对生态环境造成危害的一种消费行为⑦。其实消费作为环境的影响动力因素早被学者所发现,Grossman 和 Krueger 指出,消费者行为是环境问题的一个关键要素,从宏观层面上讲,消费者行为结构若发生改

---

① Jan Nill, René Kemp. Evolutionary approaches for sustainable innovation policies: from niche to paradigm? *Research Policy*, 2009(5).

② Andreas Löschel. Technological change in economic models of environmental policy: a survey. *Ecological Economics*, 2002(12).

③ Zwaan C, Gerlagh R, et al. Endogenous technological change in climate change modeling. *Energy Economics*, 2002(1).

④ Popp David. Lessons from patents: using patents to measure technological change in environmental models. *Ecological Economics*, 2005(8).

⑤ 张剑春:《生态消费与我国企业推行 ISO14000 的内在动力分析》,《中国标准化》,2000 年第 10 期。

⑥ 曾坤生:《论生态需要与生态消费》,《生态经济》,1999 年第 6 期。

⑦ 柏建华:《生态消费行为及其制度构建》,《消费经济》,2005 年第 1 期。

变,那么相应地会造成环境影响的综合改变①。Hertwich 则从微观层面上分析指出,企业的产品和提供的服务都必须要遵守一定的环境约束,这是因为"绿色消费"观念在消费者中甚为流行,尤其是在一些欧洲国家②。而中国学者也进行了相关研究,邱耕田指出急剧膨胀的消费需求会造成生态危机,而使高消费转向具有适度性、持续性、全面性、精神消费第一等特征的生态消费能够缓解这一生态危机③。高文武等认为,生态消费有两个目标:一是张扬生态理性,培养生态思维;二是改善生态环境,提高生活质量④。

此时由加拿大学者 Rees 和 Wackernagel 提出的"生态足迹"概念也逐步完善。生态足迹是支持特定人口或经济体的资源消费和废弃物吸收所需要的生态生产性土地的面积,它把消费与提供消费物质和吸纳废弃物所需要的各类土地联系起来,把人类消费对生态环境的冲击形象地喻为负载着人类物质文明的巨脚踏在地球上留下的巨大脚印⑤⑥。公式是:$F = P \times E$,其中 F(footprint)表示特定地区的生态足迹总量,P 表示人口总量,E 表示人均生态足迹⑦。这个方程所需要的数

① Grossman M,Krueger A. Economic growth and the environment. *Quarterly Journal of Economics*,1995(2).

② Hertwich G. Consumption and industrial ecology. *Journal of Industrial Ecology*,2005(1).

③ 邱耕田:《生态消费与可持续发展》,《自然辩证法研究》,1999 年第 7 期。

④ 高文武,关胜侠:《实践消费生态化的主要目的》,《武汉大学学报(人文科学版)》,2009 年第 11 期。

⑤ Rees W E. Ecological footprint and appropriated carrying capacity:what urban economics leaves out. *Environment and Urbanization*,1992(2).

⑥ Wackernagel M,Rees W E. Our ecological footprint:reducing human impact on the earth. *New Society Publishers*,1996.

⑦ Wackernagel M,Rees W E. Perceptual and structural barriers to investing in natural:economics from an ecological footprint perspective. *Ecological Economics*,1997(20).

据相对较容易得到,因此已经成为衡量生态消费的一个重要公式。Patterson 等人运用生态足迹方程分析了生态消费对意大利区域旅游产业生态转型的影响,指出生态消费能够缓解当地生态系统的压力,并且具有生态消费观的顾客群甚至能够促使当地的产业生态转型①。Thomas 等人运用生态足迹分析了全英国二级目录产业的生态消费,并为英国产业的可持续消费提供了相关政策建议②。然而生态消费并不是先天性存在的,Victor 认为,要实现生态消费,必须通过多方共同的努力。生态消费的影响因素包括真实收入、收入分配、能源价格、劳动力市场等,并且通过设计严格控制消费的增长,而不是如 Victor 所预示是因为灾难而导致无法消费③。也有学者认为消费者存在着"生态责任",Manfred 等人和 Rodrigues 等人研究指出,消费者对当前生态环境具有显著影响,因此其应当自觉地承担起相应的责任,改变消费结构,促进经济发展的同时优化生态环境④⑤。此外还有学者将生态消费定义为绿色消费,Philippe 认为高污染的产品价格也应当高,污染低的产品价格也应当低一点,这样消费者自然会成为绿色消费

---

① Trista M,Patterson. Beyond "more is better": ecological footprint accounting for tourism and consumption in Val di Merse, Italy. *Ecological Economics*, 2007(5).

② Thomas W,Jan M,John B,Mathis W. Allocating ecological footprints to final consumption categories with input-output analysis. *Ecological Economics*, 2006(1).

③ Victor P A. Managing without growth: slower by design, not disaster. Edward Elgar Publishing Ltd. ,2008.

④ Manfred L, Joy M. Shared producer and consumer responsibility—theory and practice. *Ecological Economics*, 2007(2).

⑤ Rodrigues J,Domingos T. Consumer and producer environmental responsibility: comparing two approaches. *Ecological Economics*,2008(6).

者①。Sangeeta 通过构建计量模型,发现消费者的偏好几乎很难考虑环境因素,因此应当征收排污税,从而使污染较大的产品价格升高,使消费者慢慢变"绿"②。也有学者反对仅以价格为调控手段,Luuk 以危地马拉为例研究证明,消费者并不一定只看重价格,关键是产品的生态信息是否让消费者知情,很多情况是消费者并不知情的情况下才购买比较便宜的产品③。Alex 以绿色汽车为例,分析发现消费者在最初状态并不了解绿色汽车,但是由于相对应的环境政策实施得体,消费者开始支持购买绿色汽车④。Karine 则主张运用道德熏陶使绿色消费的习惯得以培养成文化⑤。Clinton 和 David 的研究表明,消费者的偏好、搜寻努力程度和品牌的忠诚度都能够影响产业发展,但具体的影响机制尚未得到明确揭示⑥。

(4) 政府管理

以政府视角出发研究如何对高技术产业转型进行管理的学者最多,其研究又可进一步细分为政府对产业的管理和对公共部门的管理。

这里提到的政府对产业的管理并非指对单一产业的管理,

————————

① Philippe M. Signaling the environmental performance of polluting products to green consumers. *International Journal of Industrial Organization*, 2008(1).

② Sangeeta Bansal. Choice and design of regulatory instruments in the presence of green consumers. *Resource and Energy Economics*, 2008(8).

③ Luuk K, Roldan M, et al. Too poor to be green consumers? A field experiment on revealed preferences for firewood in rural Guatemala. *Ecological Economics*, 2009(5).

④ Alex C, Peter H, et al. Consumer support for environmental policies: an application to purchases of green cars. *Ecological Economics*, 2009(5).

⑤ Karine N, Richard B. Green consumers and public policy: on socially contingent moral motivation. *Resource and Energy Economics*, 2006(11).

⑥ Clinton A, David D. Green niche market development. *Journal of Industrial Ecology*, 2009(2).

而是指政府为了尽可能使产业系统内不同产业实现资源的充分利用和废弃物的循环利用以实现产业共生,而对区域内所有产业进行全面安排。Chertow 认为产业共生通过组合传统上独立的企业(产业),加强它们之间的合作,促使其进行物质、能量、水资源以及副产品的交换,提高其竞争优势[1]。Boon 等人认为若区域团体之间的合作和交流非常有限,即经营方式虽多,但是关联却很少,或存在着可预见的合作障碍,那么在这些区域实现产业共生是极其重要的[2]。基于产业共生的研究视角,Ayres 指出推动变革的机构通常扮演着协调者的角色,对高技术产业生态转型的发展和功能运行起着重要的作用;在这些协调机构中,政府作为非市场组织这个特殊的身份占据了绝对重要的地位[3]。从文献中可见,多数学者对政府在产业生态转型中的重要作用均给予了肯定的态度,政府能够有效地帮助产业生态转型并改变制约因素,使其更加有利于协同关系的形成。Green 等人指出政府的主要任务包括识别区域的发展机会及其带来的效益,为产业共生网络的发展建立一个适宜的制度环境,并为那些要求具有长期环境可持续性的活动提供指导[4]。在英国的产业共生计划通过提高企业意识和募集新企业,协调各个企业之间的关系,并对其进行分析和识别,再对不合理的关系进行调

---

① 王如松:《资源、环境与产业生态转型的复合生态系统研究》,《系统工程理论与实践》,2003 年第 2 期。

② Boon A, Bass W. Types of industrial ecology: the problem of coordination. *Journal of Cleaner Production*, 1997(1—2).

③ Ayres R. Creating industrial ecosystems: a viable management strategy. *International Journal of Technology Management*, 1996(5—6).

④ Green K, Randles S. *Industrial ecology and space of innovation*. Edward Elgar Publishing Ltd., 2006.

整,从而实现产业共生①。Wellmer 指出,德国政府 1972 年最先制定了废弃物处理法后,1996 年又提出了新的《生态经济与废弃物管理法》,这些政策法规使德国的上下游企业由开始注意到互相合作,为德国实现产业共生起到了不容忽视的作用②。王贵明指出政府管制与制度约束是产业共生最重要的外在驱动力之一,这在产业发展的初期表现得尤为明显③。

与此同时,国内外学者认识到政府在产业生态转型中也会起到一定的阻碍作用。Green 等人从政府增加企业交易成本的角度,指出英国共生计划的一些政策条款会阻碍协作关系的建立,其中包括过于严格的法律条款,那些显著增加共生关系之间交易成本的政策,规划问题以及公众咨询程序等④。徐浩然等人认为,在我国,行政力量参与地区经济的程度很深,阻碍市场力量对产业生态圈整合的作用⑤。黄志斌等人认为政府不当的管理方式,例如行政条块分割和地方利益保护、政出多门的分散管理,会造成信息不通和政府协调机制失灵,使得环境成本外部不经济性表现得非常明显⑥。宫本宪一指出社会主义国家由于政府控制国有企业的生产活动,并具有执行完整的城市规划能力,因此也具备制定并执行环境公害对策,但如果政府以经济增长为目的,

① UK Cabinet Office. Resource productivity. http：// www. cabinetoffice. gov. uk/resource-library/uk-government-ict-strategy-resources.

② Wellmer F. Sustainable development and the exploitation of mineral and energy resources：a review. *International Journal of Earth Sciences*,2002(4).

③ 王贵明:《产业生态与产业经济——构建循环经济之基石》,南京大学出版社,2008 年。

④ Green K, Randles S. *Industrial ecology and space of innovation*. Edward Elgar Publishing Ltd. , 2006.

⑤ 徐浩然,许萧迪,王子龙:《产业生态圈构建中的政府角色诊断》,《中国行政管理》,2009 年第 8 期。

⑥ 黄志斌,王晓华:《产业生态化的经济学分析与对策探讨》,《华东经济管理》,2000 年第 3 期。

帮助和引导企业进行发展,那么它自身就会成为公害之源,从而破坏环境①。

而政府对公共部门的管理则更加复杂一些。Wellmer 认为政府的管理可以分为三个层次:从国家政府到国际组织的权力上交,以实现一个更加广泛的政策目标;向区域或更低的政府进行权力的下放;通过权力机构的重组实现权力的分散或集中,运用多层面管理方法来分析这一表述,表明了国际、国家和区域政策制定之间的关系,协调各级政府的管理,共同加强对公共部门的管理②。王如松提出在对复合生态系统的管理中,政府不仅要对产业生态系统进行全面管理,同时也要对城镇等相关生态系统进行管理,以使其能够为产业生态系统提供支撑③。马国强和靳香邻指出,发展循环经济离不开政府的投资主导,但是却没有详细说明政府应如何投资主导④。谢家平和孔令丞认为生态产业园区的管理需要政府进行综合调控,包括构建公共信息、交易和培训等平台⑤。刘邦凡将社会系统生态转型分为三个阶段,并分别就这三个阶段政府的职能分别进行了阐述,指出政府在这个转型过程中要逐步从政府管理转向政府服务⑥。于进川认为,当前在生态工业园区的建设方面,存在中央政府和地方政府的博弈,致使政府与政府之间容易产生矛盾,不利于生态工业

① 宫本宪一:《环境经济学》,三联书店,2004 年。

② Wellmer F. Sustainable development and the exploitation of mineral and energy resources:a review. *International Journal of Earth Sciences*,2002(4).

③ 王如松:《资源、环境与产业生态转型的复合生态系统研究》,《系统工程理论与实践》,2003 年第 2 期。

④ 马国强,靳香邻:《发展循环经济需要政府投资主导》,《中国财政》,2006 年第 12 期。

⑤ 谢家平,孔令丞:《循环经济与生态产业园区:理论与实践》,《管理世界》,2005 年第 2 期。

⑥ 刘邦凡:《论社会生态系统转型及其地方政府管理职能定位与体制变革》,《中国行政管理》,2006 年第 11 期。

园的发展①。荀丽丽和包智明以内蒙古自治区为例分析发现，由于政府集"代理型"政府和"牟利型"政府于一身，致使当地农民动员对环境产生了极大的破坏同时也影响了当地畜牧业的发展②。王建对当前政府的生态补偿机制进行研究后发现，当前机制效果并不明显，并对此提出开征生态税、建立相应法律体系和评价体系等③。

政府作为高技术产业生态转型的主要外在动力，能够通过一定的行政和法律手段协调产业生态转型，但是，从国内外诸多文献中可见，政府过于严格的政策法规、过强的行政干预、不当的管理模式、不合理的经济发展目标都将对高技术产业生态转型产生消极的影响。因此，如何使政府管理对高技术产业生态转型发挥积极作用，还需要进一步的深入研究。

通过已有研究可以看出：无论是传统产业还是高技术产业都需要进行生态转型，而产业生态转型有其自有的独特演化特性，能够影响到产业生态转型的相关因素主要有政府、企业、消费者等。政府能够对企业和消费者产生影响，但其作用路径和效果需要进一步的探讨。企业与消费者之间也存在互动，企业的一些创新能够改变消费者的偏好，使得消费者的消费行为具有生态消费的特性，而生态消费也能够对企业的生态创新进行一定的引导，但其路径尚不明朗。但总体看来，还没有学者将三者之间的互相影响清晰地阐述出来，并将该影响的作用效果进行实证检验。

---

①　于进川：《政府竞争困境对生态文明区域实现的制约与破解》，《求索》，2009年第 8 期。
②　荀丽丽，包智明：《政府动员型环境政策及其地方实践》，《中国社会科学》，2007 年第 5 期。
③　王健：《我国生态补偿机制的现状及管理体制创新》，《中国行政管理》，2007年第 5 期。

1.3 研究内容和方法

1.3.1 研究内容

本书的研究对象是高技术产业生态转型的动力系统。本书从相关基本概念和基础理论出发,试图构建一个较为完善的生态转型的动力系统的理论框架,探讨动力系统内各动力因素之间的关系及该系统的作用路径,再根据该路径构建模型进行检验,从而试图为高技术产业生态转型提供有效的政策参考依据和学术理论指导。本书具体的研究框架如图 1-1 所示:

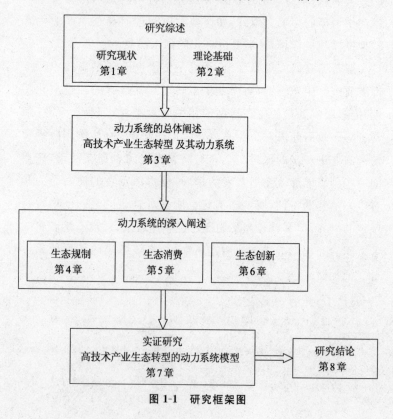

图 1-1 研究框架图

本书第 1 章先分析中国现实国情而后提出本书的研究问题及研究意义,然后掌握相关研究现状。其余各章具体内容如下:第 2 章为全书的理论基础,由于本书的一个核心思想是通过动力系统同时实现经济的增长以及节约资源和保护环境,进而完成高技术产业生态转型,因此在第 2 章中,本书需要对创新的定义及其影响因素、产业竞争力的定义及其影响因素、生态创新经济系统以及可持续发展的定义进行详细的阐述。第 3 章为总括高技术产业生态转型的动力系统,主要是严格定义高技术产业生态转型,以及其动力系统的动力的定义和基本特征等,为详细展开动力系统的子系统研究做好铺垫。第 4~6 章为分别研究动力系统的动力子系统,包括生态规制、生态消费和生态创新的内涵以及作用机制等。第 7 章则是运用系统动力学方法,实证指出生态创新与生态消费的协同作用能够规避生态创新的反弹效应和生态消费的增长难题,实现经济和生态的双赢,完成高技术产业生态转型。最后在第 8 章将对全书进行总结,内容包括研究结论、创新点和展望等。

1.3.2　研究方法

（1）理论研究方法

由于本书所研究的高技术产业生态转型的动力系统理论为全面未知领域,尚无相关经典著作可供参考,因此本书在构建该动力系统时,借鉴的是其动力子系统的相关研究,而后采用综合集成法,形成有关动力系统的理论。本书采用总—分结构框架,首先对高技术产业生态转型的动力系统进行总体描述,并指出其具体的动力子系统,而后针对每一个不同的子系统——生态规制、生态消费和产业生态化进行深入的剖析,最后总体阐述动力系统的运行结果——生成没有反弹效应的生态创新,实现经济和生态的双赢,完成高技术产业生态转型。

（2）实证研究方法

本书的实证研究方法有两个，一个是系统动力学方法，还有一个是随机前沿分析方法。系统动力学方法的最大优点是能够对宏观系统进行预测，这为本书论证动力子系统之间的协同效果提供了便利。本书利用系统动力学方法，论证该协同作用是否能够实现经济和生态的双赢，从而能完成高技术产业生态转型。随机前沿分析方法则是为分析生态创新促进生态消费提供可借鉴参考，由于尚无生态创新的统计数据，本书在提出生态创新的评价方法后发现难以对其量化，因此在实证时先暂时采用国内当前主流的研究方法——随机前沿函数对我国高技术产业的技术因素（广义的技术创新）进行分解，从而得出相关结论，为进一步研究生态创新促进生态消费提供可借鉴的参考。

第2章 动力系统研究的理论基础

本书试图构建的动力系统其主要功能是加速高技术产业生态转型,而产业生态转型有两个主要目标,一个是经济发展,一个是节约资源和保护环境。因此本书所涉及的基本理论包括创新系统及其动力因素的相关理论、产业竞争力及其构成要素相关理论、生态经济系统以及可持续发展理论等。

2.1 创新系统及其动力因素

生态创新也是创新的一种,要实现生态创新,首先需要清楚何为创新以及创新是如何产生的。奥地利经济学家熊彼特认为,所谓创新就是要"建立一种新的生产函数",即"生产要素的重新组合",就是要把一种从来没有过的关于生产要素和生产条件的"新组合"引进生产体系中去,以实现对生产要素或生产条件的"新组合"。作为资本主义"灵魂"的"企业家"的职能就是实现"创新",引进"新组合"。所谓"经济发展"就是指整个资本主义社会不断地实现这种"新组合",或者说资本主义的经济发展就是这种不断创新的结果。而这种"新组合"的目的是获得潜在的利润,即最大限度地获取超额利润。周期性的经济波动正是由于创新过程的非连续性和非均衡性造成的,不同的创新会对

经济发展产生不同的影响,由此形成时间各异的经济周期①。熊彼特还进一步指出了"创新"的五种情况:

(1)采用一种新的产品,指消费者还不熟悉的产品或某种产品的一种新特性。

(2)采用一种新的生产方法,指有关的制造部门尚未通过经验检测的方法,这种新的方法并不需要建立在科学上新的发现的基础之上,也可以存在于商业上处理一种产品的新的方式之中。

(3)开辟一个新的市场,指有关国家的某一制造部门以前未曾进入的市场,无论这个市场以前是否存在。

(4)掠取或控制原材料或半制成品的一种新的供应来源,无论该来源是否已经存在。

(5)建立一种新的工业组织,如造成一种垄断地位,或打破一种垄断地位。

后来的学者将上述五方面依次总结为:产品创新、工艺创新、市场创新、资源配置创新和组织创新,而其中组织创新又是制度创新的雏形。虽然熊彼特已经将创新阐述得较为清晰,但他过多地在分析创新与企业、创新与政府的关系,没有将创新与产业联系起来。美国经济学家 Utterback 认为:创新与发明或技术原型截然不同,它是指技术的首次应用。按照发生的先后次序,创新过程可分为三个阶段:① 新构想的产生;② 技术难点攻关或技术开发;③ 商业价值的实现或扩散。新构想的产生阶段是一个对现有的各种信息的综合分析过程,这些信息包括市场或其他方面的需求信息及满足这些需求可能采用的技术方

---

① Schumpeter J. *The theory of economic development*. Harvard University Press,1912.

面的信息①。在熊彼特之后,创新学逐步发展为两大派别:技术创新学派和制度创新学派。

　　美国经济学家 Solow 经过测算发现:只有存在技术进步(技术创新),经济才可能持续增长②。如果没有技术进步,资本积累的边际报酬就会递减;反之,如果存在技术进步,那么,技术水平的不断提高就能够克服资本积累的边际报酬递减,因此提高了劳动生产率。他将产出的增长分解为资本、劳动力和技术进步的增长之和,测算结果为:经济增长的根本因素不是资本的积累,也不是劳动的投入,而是技术的进步。英国经济学家 Freeman 和 Soete 认为经济学家最不能忽视的是创新,它是经济进步的一个基本条件,是企业、民族和国家在竞争中的关键性因素③。他进一步分析了创新与企业、创新与国家经济增长、创新与社会环境之间的关系,认为对于企业来讲,创新是新技术与市场的结合;对于国家来讲,创新必须要有政府正确且适度的参与;对于社会环境来讲,创新应当提高整个人类的福利。技术难点攻关阶段包括确立特定的技术目标、设计解决问题的备选方案等。商业价值实现阶段包括设备安装、建立工厂、产品制造、市场启动等。创新扩散发生在外部环境之中,始于创新的首次引入之后。美国经济学家 North 重点分析了制度创新和制度安排。他认为制度之所以会被创新,是因为创新的预期净收益大于预期的成本,而这些收益在现存的制度安排下是无法实现的,只有通过人为地、主动地变革现存制度中的阻碍因素,才可能获

　　①　Utterback J. *Mastering the dynamics of innovation*. Harvard Business School Press,1994.

　　②　Solow. A contribution to the theory of economic growth. *Quarterly Journal of Economics*,1956(2).

　　③　Freeman C,Soete L. *The economics of industrial innovation*. Creative Print and Design,1997.

得预期的收益[1]。

20世纪90年代以来,随着国家在创新中的作用越来越重要,国家创新系统便被提出来,并日益受到重视。德国经济学家冯·李斯特被认为是国家创新系统雏形的提出者。他认为,各国之所以能够达到目前的发展水平,是由于它们汇集了自古以来数代先辈发现、发明、改进和辛勤劳动的成果。人类先辈的这些活动形成了当代人类社会的知识资本,任何一个国家的生产能力,都与其运用前人的成果以及通过自己的创造来补充这种成果成比例[2]。正是由于李斯特和一些持有相同观点的经济学家的大力提倡,以及长期形成的普鲁士制度,德国才能够形成世界上最优秀的技术教育和技术培训体制。李斯特对国家创新系统的许多特征进行了分析,如教育和培训机构及制度、科学与技术研究机构,与制造商的交互学习、知识积累,对引进技术的改造与提高,促进工业的战略性发展等等。不仅如此,他还着重强调在协调和执行工业与经济发展的长期政策中政府所起到的作用。英国经济学家Nelson将国家创新系统定义为"其相互作用决定着一国企业的新绩效的一整套制度"[3],他强调技术变革的必要性和制度结构的适应性,认为科学和技术的发展过程充满不确定性,因此国家创新系统中的制度安排应该相当有弹性。此外他还认为,资本主义体系在保留了产业创新的利润动机的同时,通过大学等有关机构和政府提供大量的资助,使技术的很大部分和很多方面成为共有,从而在很大程度上避免了私有化

① North D. *Institutions, institutional change and economic performance*. Cambridge University Press, 1990.

② Friedrich List. *The national system of political economy*. Longmans, 1909.

③ Nelson R. *National system of innovation: a comparative study*. Oxford University Press, 1993.

的损失。因此,资本主义创新体系在解决制度设计问题上,虽然不是最优,但还算过得去。至此,在经济学家们的大量研究基础之上,至少可以得出需求、企业和政府等都是影响创新的主要因素的结论。

2.2 产业竞争力及其构成要素

产业生态转型的快慢在一定程度上取决于产业的竞争力,对产业竞争力的构成要素进行分析有利于进一步了解影响产业生态转型的因素。随着生态创新能力的逐步增强,生态创新日益增多,产业生态转型就更容易实现。从 1994 年到 2010 年,根据世界经济论坛和瑞士国际管理发展学院每年一度的国际竞争力报告,我国的国际竞争力始终排在第 25 到 30 位之间,这与我国作为世界上第二大"经济引擎"的身份不相符。主要原因是我国产业竞争力不足,而其根本原因还是我国高附加值、高技术含量的产业和产品比重不高。具体来看,就是高技术产业发展遇到国际市场的激烈竞争,竞争力提升缓慢且发展困难较多。但我国的可持续发展离不开产业竞争力的提升,因为只有这样才能够实现从"中国制造"向"中国创造"转变,从而使我国的国际竞争力进一步提升,进入国际产业链的上游,保证经济的有效增长。

美国战略管理大师 Porter 在经济全球化的背景下,把产业竞争力的微观机制和宏观绩效联系起来进行考察[1]。他认为产业的竞争力反映在企业的创新能力基础上,政府应该为国内的企业创造一个适宜的、鼓励创新的政策环境。较为知名的是其提出的钻石模型,即决定一个国家的某种产业竞争力的因素有四个,即生产要素——包括人力资源、天然资源、知识资源、资本

---

① Porter M. *The competitive advantage of nations*. Free Press, 1990.

资源、基础设施;需求条件——主要是本国市场的需求;相关产业和支持产业的表现——这些产业和相关上游产业是否有国际竞争力;企业的战略、结构、竞争对手的表现。这四个要素具有双向作用,共同形成钻石体系。在四大要素之外还存在着两大变数:政府与机会。这样四大要素与两大变数便形成一国产业的竞争力。而剑桥大学的 Nolan 教授根据 10 多年对于世界特大型跨国公司的深入访谈和调研,提出产业竞争力主要体现在六个方面,包括研究与开发的创新能力、品牌与营销能力、人力资源聚集与利用能力、供应链采购系统能力、筹集资金与应用能力、系统整合与适应变化的能力。可见这两位管理学学者均认为创新(知识资源、创新能力)是产业竞争力的关键因素。产业竞争力理论面向所辖的企业群,评价和分析行业发展问题、政策问题、国际竞争问题等,是从产业角度出发为企业谋求公平竞争的环境和条件服务,而通过产业竞争力评价能够及时为企业、服务、金融、基础研究以及政府的政策制定之间进行有效的协调。政府应当立足产业竞争力政策的制定、监管以及推动,而企业则更多的是从中发现提升竞争力的关键因素和竞争力资源。

中国是发展中大国,要进入发达国家行列必须在一类产业中有领头羊,而世界级的"领头羊"一般集中在两三家大公司,这些公司有很强的国际竞争力,往往具有高开放、高创新和高效率的特点。遗憾的是,纵观我国的大型企业(基本上是国有企业),很难指出有哪些企业在其领域同时具备这三个特点。竞争力资源是本书考察生态创新提升产业竞争力的核心概念。从思想上来看,竞争力主要是针对考察的客观活动系统,发现并建立能够统领全局的竞争力目标,通过竞争力目标发现竞争力的关键方面和决定因素;进而通过实际的竞争力数据和信息,分析竞争力优势和劣势,保持竞争优势和改进竞争劣势,也就是追求竞争力的内在潜力向现实的转化。从行动上来看,竞争力提升的集中表现是集聚竞争力资源,支持内在的竞争力资源产生能量,推动可持续、协调和高质量的发展。时至今日的竞争力资源,已经不局限于自然资源、物质条件和资本实力,它的新理论是竞争力的硬资源和软资源。竞争力硬资源一般是指传统意义上的资源,包括物质资源和资本资源,而竞争力软资源则主要指能使企业打破生产约束条件的资源,即促使创新生成的资源。而近年来成功实现跨越发展的国家都是竞争力软资源发挥了重要作用,如芬兰、新加坡等。本书在此借鉴英国政府所定义的构成产业竞争力的核心内容:人力资本、实物资本、金融、信息通信技术和科学技术。虽然这些词汇很普通,但从其指标解释来看却是一个个全新的概念。对于人力资本的竞争力资源,其解释为以知识经济驱动、成功运用相关知识和个人技能的能力,即能够体现高水平、高素质、高能力的终身学习和管理创新以及知识运用过程的全部整体内容。对于实物资本的竞争力资源,其解释为创新与投资的全部过程,包括研究开发投入、技术扩散和转移的创新,以及有效保证创新作用在全部经济活动的体制和机制。对于金融竞争力资源的解释,是指以现代化金融投资概念为基础而建立的支撑高素质人才、现代知识开发和运用、风险投资与孵化培育,以及创业等新竞争力成长的金融资源体系。对于信息通信技术的竞争力资源,其解释为以信息技术设施的运用,包括支持电子商务和市场开发、利用和积累大量信息从而创造出动态适应性能力的信息资源体系。对于科学技术的竞争力资源,其解释为能够拓展科学研究能力的技术资源,即全面支持国家技术创新、管理创新、制度创新,以及更多的知识发现能力提高的资源体系[①]。根据英国政府的界定,可以明显看出上述每一个竞争力资源都包括了创新,只是不同资源包含不同的创新种

---

① 赵彦云:《中国产业竞争力研究》,经济科学出版社,2009 年。

类。换言之,创新已经成为竞争力资源的关键因素和奠基石。

2.3　生态经济系统

2.3.1　生态经济系统的内涵

生态经济系统可以分为硬件和软件两个子系统:硬件子系统是指区域内的自然条件和包括生产、流通、分配和消费等各部分的整个经济领域;软件子系统是指区域内承担组织、管理和协调的部分。硬件子系统是软件子系统的基础,也是软件子系统发挥作用的对象。组成高技术产业生态转型系统的各个部分是相互促进、相互制约的关系,任意一个组成部分产生量变或质变都会对其他相关的部分和整个系统产生影响。这些影响会产生一个很重要的成果——生态创新,因而可以通过揭示这种影响机制,改变某个或某几个组成部分的规模或运行方式,从而控制其他组成部分和整个经济系统的发展方向。随着经济的进一步发展,单纯从地理学的角度来定义经济系统的区域存在着很大的局限性。系统论认为系统的整体性表现在同环境接触所出现的特殊边界反应[1]。这是由于系统内部的要素与要素之间有特殊的相关性联系,这种联系使得每个要素在同外界环境互相作用时,表现为系统的整体作用来影响环境、要素之间的相关性以及结果,这样系统与系统之间的差别就显现出来:当物质、能量或信息由外界进入系统,或由系统内部输出到外界环境时,在内外之间便出现功能的突变,这些突变的临界点连成了一个特殊的界面,就是系统的边界。在一定的条件下,系统的边界能够保护系统的稳定。随着全球信息化的发展,给人类带来新的人地关系和新的区域经济观,以网络为基础的信息技术空间形成了

---

① Arthur B. Positive feedbacks in economy. *Scientific American*, 1990(2).

空间和人地关系的一种新的组织形式,出现所谓虚拟化的信息
地理空间。这类区域经济系统的边界除受资源、成本等经济因
素的影响外,也受到包括语言、价值观以及网络标准和规则的文
化、技术边界等因素的影响。可见经济系统的边界是随经济活
动联系方式的进步而不断延伸的,经济活动空间在一定时间里
受到一些因素的制约,这种制约构成经济系统的空间边界,但是
经济的发展又会克服这些障碍直至遇到新的障碍,形成新的空
间。总之,系统边界实际上是一种模糊和动态的概念,在一定模
糊状态下,系统边界是连续的。虽然系统边界是随系统的发展
而变化的,但在一定时期内,系统边界所包含的系统内部要素、
结构和功能等特征是相对稳定的,其形态也是基本稳定的。

2.3.2　生态经济系统的构成

生态经济系统主要由自然资源、人力资源、资本和科技资源
四种要素构成。

自然资源是一种基础性物质因素,对产业系统劳动生产率
的提高、产业系统的初步形成以及资本的原始积累都具有重要
作用。随着人类文明的发展和科学技术的进步,自然资源在产
业系统发展中的作用和地位逐步发生变化。一方面,自然资源
对产业系统发展的限制能力逐渐降低;另一方面,人类更加珍惜
和保护自身赖以生存和发展的自然条件,不断运用新的科技和
投入经济力量来改善自然环境。由于自然资源有稀缺性和区域
性的特点,要发展生态经济系统,既要研究资源环境与经济社会
的横向联系,也要研究现在和未来的资源消耗、污染排放与系统
演变的纵向联系。时下,自然资源和环境与经济之间的协调发
展越来越重要,从经济角度来看,高技术产业生态转型系统的发
展实质上就是一种在生产中少投入多产出、在消费中多利用少
排放的发展模式,从而实现高技术产业生态转型系统持续、稳定
和协调地发展。所以在将来高技术产业生态转型系统的发展

中,自然资源利用总量的减少和依赖程度的降低是系统发展的必然趋势。

在这里,人力资源作为生产要素的一个特殊种类,具有主观能动性和社会性的特点。人类是经济活动的主体,既是生产者又是消费者。从消费者角度来看,人类需求是经济发展的动力源。但是,生态经济系统的消费者不应当仅存在于系统内部,还有可能分布在全国甚至世界各地。在市场经济条件下,这些消费者的需求表现为强大的市场需求,市场经济的繁荣兴旺推动着生态经济系统不断发展,而消费者的规模和偏好又与生态经济系统发展之间相互促进和制约。在知识经济时代,人力资源的开发变得非常重要,也在生态经济系统的发展中占有非常突出的地位。第二次世界大战之后,日本的经济系统遭受严重打击,各项物资严重缺乏。但是日本保留了几千万高素质人才大军,使得日本实现产业结构升级计划时得心应手,在20世纪末一跃成为世界第二大经济强国。可见以人才为本是高技术产业生态转型系统的重要特征之一。

作为生产要素的资本是生态经济发展的重要因素。罗斯托十分看重资本因素,他测算了经济发展对资本积累率的要求。在自然资源总量一定,而劳动力在中国几乎可以无限供给的条件下,资本就成为影响经济发展的主要约束条件。由于中国传统文化中勤俭节约的思想,我国的储蓄率一直高于西方发达国家,这也是我国能够在改革开放初期迅速建立起能够带动国民经济发展的产业体系,实现相应的制度和意识形态上的变革,满足罗斯托在其经济成长阶段论中提出的假设条件,从而实现经济"起飞"的重要原因。可见积累资金、引进资金和争取资金确实是经济起飞的关键环节,高技术产业生态转型系统的资本形成和有效使用,对各种生产要素的合理配置都起着直接或间接的作用。

　　当下科技飞速发展,人类对自然和宇宙的认识都有重大的突破。科学技术日益显示出其对经济发展的巨大推动作用,科技进步也是生态经济系统发展的先导。邓小平早在改革开放之初就提出"科学技术是第一生产力"的科学论断。这一重要命题至今依然是正确的:当今科学技术日益成为生产的先导,使生产和科技的循环过程出现了新的变动;科学技术是推动经济增长的主要因素,将科技运用到生产过程中所创造的价值越来越大。因此,必须充分重视科技进步与科技创新对推动生态经济系统发展的先导作用。

2.3.3　生态经济系统的功能

　　生态经济系统也是区域经济系统的一种,而依据共性与个性之间的辩证关系,只有在掌握区域经济系统的共性基础上才能更深刻地把握生态经济系统运行的功能和特点。董锁成在研究区域经济发展的时空规律时,简单地分析了经济区域的内涵:广义的地理事物运动,包括地理事物在空间位置上的相对变化与地理事物在组织结构的时空变化过程①。而生态经济系统的演变也属于有规律的经济地理事物运动,故也可以将其理解为某种生态经济系统的要素、组织体系、功能、规律、属性和等级等方面在不可逆的时间变化中有机发展的过程。

　　依据这个内涵,可以用如下数学语言进行描述:设有一个生态经济系统,由 m 类经济要素(如资本、技术、消费者和政策等)和 n 类自然要素(如资源、能源、废气、废水和固体废物等)组成,经济要素结构为:

$$E = \sum_{i=1}^{m} e_i$$

自然要素结构为:

---

　　① 　董锁成:《经济地域运动论》,科学出版社,1994 年。

$$R = \sum_{j=1}^{n} r_j$$

则两种结构的运行方式可以分别表示为：

$$E(T_1 - T_0) = \sum_{i=1}^{m} (t_1 - t_0)e_i \qquad (2\text{-}1)$$

$$R(T_1 - T_0) = \sum_{j=1}^{n} (t_1 - t_0)r_j \qquad (2\text{-}2)$$

那么这个生态经济系统的运行就可以表示为：

$$S(T_1 - T_0) = \sum_{i=1}^{m} (t_1 - t_0)e_i + \sum_{j=1}^{n} (t_1 - t_0)r_j$$
$$= E(T_1 - T_0) + R(T_1 - T_0) \qquad (2\text{-}3)$$

式(2-3)表明,生态经济系统的运行本质是经济要素因自然要素的变化而流动和偏转,而自然要素则因经济要素的活动而分化、组合、扩张和衰退。因此,生态经济系统是经济要素和自然要素运行的集合,即 $S = f(E,R)$,由此可见生态经济系统的功能包含一定幅度的经济产出增长。虽然经济发展与经济增长并非同一概念,但当代经济发展包含了经济增长,因为经济发展不仅指更多的经济产出,还意味着产出的种类有所不同,以及产品的生产和分配所依赖的技术和制度的变革[①]。经济增长只是手段,而经济发展才是人们从事经济活动的最终目的;经济增长是经济发展的基础,经济发展则是经济增长的结果;没有一定幅度的经济增长,也就不存在所谓的经济发展。生态经济系统的功能也包含对环境一定程度的优化和改进。如果系统产出的增长并没有导致系统的发展,而是导致资源的过度开采和环境的大规模破坏,这就意味着经济的增长与系统发展之间存在不一致。究其原因,还是系统结构和功能不符合弱可持续性经济活动的条件,如果符合条件则不会出现上述情况。高技术产业生

---

① 刘明君:《经济发展理论与政策》,经济科学出版社,2004 年。

态转型系统的发展要求对资源使用和废弃物排放有一定程度的优化和改进,从经济角度来看主要包括投入产出结构的改进,从环境角度来看主要是资源能源的使用效率提升和废弃物排放及处理能力增强。

2.3.4　生态经济系统的特点

生态经济系统是一个十分复杂的复合系统,这个系统涵盖国民经济系统的各个部门,包括在运行过程中的生产、分配、交换和消费,它不仅与自然环境会发生有机联系,与系统外部也存在着有机联系。换言之,这个系统是一个集经济、社会和生态于一体的开放式复合系统,对其进行特点分析,有助于客观把握系统内各部门的结构特征,正确分析系统各部分的功能,为进一步研究高技术产业生态转型的动力系统提供科学依据。

本书认为,相对于传统的经济系统,生态经济系统有以下几个不同的特点:

第一,组成要素的不同。前文已经说明,生态经济系统不仅有经济社会要素,还有自然环境要素,而传统的经济系统仅包含经济社会要素。这些要素又由若干次级要素构成,而次级要素又由许多次级的次级要素组成,从而形成了巨大而复杂的要素群。如经济要素有资本、技术和人力等构成要素,而资本又分为农业资本、工业资本和服务业资本,这些资本还能够进一步细分,本书不赘述。

第二,生产布局的不同。传统的经济系统生产布局往往考虑产业集聚等影响因素以实现最大的经济产出,但生态经济系统的产业布局不仅考虑经济方面,也考虑到生态方面,这是其系统设计的重要部分。诸如产业系统内部副产品交换的便利程度、选址所产生的生态影响、废弃物处理设施的建设,以及系统的生活配套设施等,这些都必须在系统转型之初便有所考虑,而不应当等到生态方面已经恶化到一定程度后才开始重视。

　　第三,重视区域之间的差异。区域差异受发展基础、政策与体制环境、要素流动等要素影响较大。影响区域发展基础差异的主要因素包括自然基础、经济基础、社会基础和区位条件。自然基础差异是指产业系统之间的自然资源禀赋不同,制约了各产业系统的类型和效率,进而影响到其分工格局和地位、利益分配的多寡。此外自然资源的多寡对产业系统也有一定的影响。无论从发展速度还是从创新能力来看,任何一个产业系统均受制于其原有的经济基础,而高技术产业生态转型系统的发展也离不开社会基础的支撑。区位是影响生态经济系统的重要因素,它反映该系统在全国范围内总体格局中的地位,以及与市场和其他产业系统之间的关系,这种关系直接或间接地影响产业系统的发展方向和空间。国家经济政策对生态经济的发展有十分重要的影响。如改革开放之后,经济政策向沿海地区倾斜致使当前高技术企业多集中在沿海经济大省,如江苏、广东等。而在整个国民经济发展中,生产要素也往往由收益率低的地方流向收益率高的地方,这也为沿海省份提供了较多的人才。生态经济系统重视这些差异,并依据这些差异设计符合自身发展所需要的产业和布局,而不是仅仅按照国家政策来发展当地经济。此外,随着生态经济系统发展,其在物质、能量和信息交换上是无固定边界的,其交换和转换功能也是无穷的。

2.4　可持续发展理论

　　在不断开发和利用自然资源的过程之中,人类社会不断地向前发展。时至今日,人类社会已经进入一个能理性认知和改造客观世界的发展阶段。在发展演替过程中,人类在利用自然资源的同时也在破坏周围的环境,当环境破坏达到一定程度时,可持续发展的思想便容易被接受。高技术产业的发展过程也是如此,当高技术产业所导致的环境破坏达到一定程度时,高技术产业生态转型的可持续发展思想也相对容易被接受。可持续发展理论是本书贯穿始终的中心思想,是本书理论的基础支撑,因此有必要对可持续发展的相关理论知识进行深入了解。

2.4.1 可持续发展的内涵

可持续发展是一种经济和环境协调发展的思想。在深入了解可持续发展的内涵之前,首先应该弄清楚可持续性与发展、经济增长与经济发展之间的区别。可持续性是指在对人类有意义的时间和空间尺度上,支配这一生存空间的生物物理化学因素所限定的范围内,环境资源对人类福利需求的可承受能力和可承载能力[①]。发展是指在自然社会复合系统内,社会变革引导系统向更加和谐、更加互补和更加均衡的状态演替的动态过程[②]。经济增长是指一个国家或者地区在一定时期内包括产品和服务在内的产出增长,通常以一国或地区的国内生产总值(GDP)来衡量。经济发展则是伴随产出的增长,还有政治、法律体制和消费模式等社会结构的变化,甚至观念习俗的改变。很明显,经济增长是一个偏向数量的概念,而经济发展则既包括数量,又包括质量。本书引用世界环境与发展委员会对可持续发展的定义:既满足当代人的需要,又不对后代满足其需要能力构成危害的发展[③]。

2.4.2 可持续发展的观点

关于能否实现可持续发展,目前学术界主要有三种观点:乐观论、悲观论和生态经济论。乐观论认为社会首先必须发展经

---

① 钱阔,陈绍志:《自然资源资产化管理——可持续发展的理想选择》,经济管理出版社,1996 年。

② 牛文元:《可持续发展导论》,科学出版社,1994 年。

③ World Commission of Environment and Development. Our common future. Oxford University Press,1987.

济,才能有能力负担对保护环境的投资,而环境的保护可以通过开发新的技术来解决。悲观论则认为人类社会对自然界的破坏已经超过了自然环境的承受能力,为防止自然生态系统的崩溃,必须要控制人类活动。

乐观论和悲观论都看到了人类面临的严重资源和环境的问题,但是它们的观点均具有片面性。悲观论对科学技术进步估计不足,仅仅看到人类经济活动破坏自然的一面,没有看到在正确的可持续发展条件下,经济发展和科技进步能够较好地协调人与自然之间的关系;而持乐观论的人却认为不需要担心环境和资源问题,因为其能够在人类自然发展中被解决,从而忽视了生态系统本身的演变规律①。

经过长期的争论,学术界派生出一种较为现实的观点——生态经济论。生态经济论认为社会经济系统是整个生态系统的子系统,生态系统决定了社会发展的限制量。距离这个限制量越近,经济发展的余地就越小。但是这个限制量并非是固定不变的,而是根据人类社会的技术水平状况而不断变化的。人类社会需要一种经济与生态系统结构和功能紧密结合的发展模式。大自然所能够提供的资源、能源以及环境被看作是一种基本的生产要素,需要得到有效的管理。该观点主张经济与自然环境协调发展,单纯的经济增长和技术发展本身并非解决问题的保证,而是作为社会发展的一种限制度;经济发展模式和技术进步路径才能够决定能否实现可持续发展;自然环境给我们提供了一个框架,我们应该采用最为有效的方式来管理它,使所有的资源都得到充分的利用②。

---

① 托马斯·安德森:《环境与贸易——生态、经济、体制和政策》,清华大学出版社,1998年。

② Costanza R,Cumberland J. *An introduction to Ecological Economics*. St. Lucie Press,1997.

2.4.3 弱可持续发展与强可持续发展

世界环境与发展委员会对可持续发展进行了定义后,有关可持续发展的绝大多数经济学解释都将该定义作为可持续发展的总体目标而进行讨论。尽管其总体目标是十分清晰的,但在某些具体的词汇方面却是模糊的。最为明显的是:什么才是"需求"? 经济学有两种分析方法:从市场的角度看,可以将市场需求看作是社会需求的可操作性定义;从政府的角度看,由于市场机制的配置功能存在一定程度的失灵,故而存在提供改善福利的公共物品的需求。所以,可持续发展的经济理论应当首先回答以下问题:应当在何种程度上满足未来社会对产品和服务的每一种市场需求? 问题的答案从根本上取决于对未来需求的理解和如何满足该需求。该理论和"生产资本"的定义及作用密切相关,因为要满足需求就必须占用某种资本。资本是用来生产有价值的产品和服务所需要的物质,其两种基本的形式是自然资本(如森林、矿产及石油等)和人造资本(如厂房、机器、道路及铁路等)。另外资本还包括人力资本和社会资本。这四种资本形式在满足人类的需求方面都有贡献,均为人类福利的来源。

可持续发展的中心问题可以表述为更加严格的形式。应当给我们后代留下什么样的总量资本,这决定着如何满足其"需求"。从经济学的观点出发,依据自然资本与人造资本之间的可替代性和总量资本存量的变化,可分为两类可持续发展观点:一种是总量资本存量不随时间而下降,在世代之间保持总量不减少;另一种是自然资本存量不随时间而下降,在世代之间保持或增加自然资本存量。前者被称为弱可持续性,实现弱可持续性的条件是资本存量的不同要素之间可以互相替代,特别是允许人造资本替代日益减少的自然资本。后者被称为强可持续性,其一般意义是,如果一个国家的自然资本不是随时间而减少的,那么其就可以实现可持续发展[①]。

一些学者进一步把可持续发展概念中的资本分为具有不可替代性的关键自然资本和具有可替代性的非关键自然资本。即强可持续发展要求一个国家的关键自然资本存量不随时间而减少[②]。强可持续发展观点认为并非所有的自然资本都可以用人造资本代替。因此强可持续发展要求这些自然资本的存量不能减少。强可持续性的概念在世界环境与发展委员会（WCED）的报告《我们共同的未来》中就有隐含之意。该报告中提到"如果使需求在可持续性的基础上得到满足，那么地球的自然资源基础必须得到保护和加强"。许多科学家都认为，对于生态系统的生命支撑功能，人造资本的替代能力是非常有限的。尽管从技术角度上看，能够支撑人类生命的人造环境已经能够被创造出来，如空间站等，但是由于缺乏生态系统生命支撑功能，人造环境可维持的人口数量必定有限，这并非是生态系统的功能无法替代，而是生态系统的运行规模不可替代。

所以，虽然上述有关可持续发展条件的定义是比较精确的，但是依然存在一些问题。因为资本本身也是一个多层面的概念[③]，正是资本，包括自然资本、人造资本的特定形式的总体组合产生了特定层次的福利。对于自然资本和人造资本的这种资本分类仅能够使这种分类的某些方面比较清楚。显然，如果我们留给后代的自然资本为零，那么根本不可能满足他们的任何需求。如果留给后代的自然资本虽然减少了，但是可以找到某

---

① Dragun A K, Tisdell C. *Sustainable agriculture and environment*. Edward Elgar Publishing Ltd. , 1999.

② Pearce D, Barbier E. *Blueprint for sustainable economy*. Earthscan Publications Ltd. , 2000.

③ Edwards G, Davies B, Hussain S. *Ecological economics：an introduction*. Blackwell Science Ltd. , 2000.

种形式的替代品,则未来较低的自然资本存量水平并不会对后代的福利水平有太大的影响。例如如果石油的利用效率提升,则石油存量即使较低,其对未来的福利水平也不一定会有较大影响。

2.4.4　可持续状态的经济学定义

有关可持续发展的定义已经有很多,但是过多的定义使其本身无论从实际应用还是从理论研究上都显得意义不大。本书借鉴 Common 等学者对可持续概念定义的分类[1][2],虽然这些分类并不是严格按照纯经济意义来进行的,但这些分类使用更加标准的经济学术语来表示可持续性的必要条件,反映了可持续性对人类经济行为的约束。具体包括以下几类:

第一类认为可持续性状态是效用或消费不随时间而下降的一种状态。这个定义类别被称为"Hartwick-Solow"(可持续性准则)。如果遵循该准则,在一个消耗可再生资源的经济中,就可实现较长时间恒定的消费。对此准则的质疑主要是其并未提出非下降消费的初期水平是多少。即使生活水平相当低,只要不是变为更低,则该经济就是可持续的。这意味着此可持续性准则包括一个容易达到的最低消费水平[3]。

第二类认为可持续性状态是管理自然资源以维持未来的生产机会的一种状态,是为未来保存生产和发展机会的一种状态,也是 WCED 在《我们共同的未来》报告中对可持续发展的定义。当代人并不了解未来人们的偏好,也不知道他们将会拥有什么

---

① Solow R. On the intergenerational allocation of natural resources. *Journal of Economics*, 1986(1).

② Common M, Perrings C. Towards an ecological economics of sustainability. *Ecological Economics*, 1992(1).

③ Perman R, Ma Yue. *Natural Resources and Environmental Economics*. Pearson Education Ltd., 1999.

样的技术,正常情况下当代人也不可能对自然资本的长期配置做出什么合理的伦理决策。故而我们需要做的是让后代拥有与我们一样的发展基础和潜力。任何时期的生产潜力都主要取决于可以利用的资本存量,因此要维持未来的生产机会,就必须对自然资本进行有效管理①。所以当代人无权破坏资源基础和降低后代人利用资源的机会。

第三类认为可持续性状态是自然资本存量不随时间而下降的状态。该类定义强调自然资本对生产是必要的,而又无法被其他生产资本所替代,则非下降的自然资本存量是保持经济发展潜力能够持续的必要条件。自然资源的可替代性要比大多数专家设想的要低得多,而随着自然资本的减少,能够替代的程度也会下降。因此,经济发展将会把社会引导到强调和重视自然资本提供舒适的产品或服务的方向上来②。

第四类认为可持续性状态是管理自然资源以维持资源服务的可持续产出。该类定义意味着发展不会损害资源基础,现在资源的使用不会影响到将来资源的供应。可持续产出的概念主要用于资源可再生化,其主要含义是指如果资源的利用与资源的再生能够同步,则资源便可以无限利用,这种资源的再生化就叫可持续产出。资源的使用量大于可持续产出即意味着自然资本存量的减少②。

第五类认为可持续性状态是满足生态系统在时间上的稳定性和弹性的最低标准的状态。该类定义反映了可持续发展的生态约束。稳定性和弹性是生态系统的两个特征。稳定性是指附属于组成生态系统的种群特性,是一个种群受到干扰之后回到

---

① Solow R. On the intergenerational allocation of natural resources. *Scandinavian Journal of Economics*,1986(1).

② Perman R,Ma Yue. *Natural Resources and environmental economics*. Pearson Education Ltd. ,1999.

之前平衡态的可能性。弹性是指生态系统受到干扰后保持其功能和有机结构的倾向性。如果将稳定性和弹性有机联系在一起,则这个系统是可持续的①。因此任何降低系统弹性的行为都是潜在的不可持续,生态可持续性的目标要求有效控制经济活动对整个生态系统的弹性的威胁。

上述定义的分类并不互相排斥,而是互相补充和完善的,比如要使效用或消费不随时间而下降,那么自然资源就必须得到有效的管理。而如果生态系统崩溃,就没有办法维持正常的生产和消费。总体看来,可持续性状态的定义应当包括两个核心思想:一是福利和消费水平不下降,二是自然或总体资本存量不变或增加。由于我国的特殊国情,我国不可能走自然资本存量不下降的强可持续发展道路,因为该道路需要消费大量人造资本,从而影响我国总体经济发展和降低我国总体福利水平。因此我国只能走弱可持续发展道路,即保持资本总量不变,尽可能地寻求人造资本代替自然资本,扩充人造资本并提高自然资本的利用效率,以保证我国总体资本的不变或增加、福利及消费水平的不降低。

2.5　本章小结

高技术产业生态转型的动力系统最终目标是实现经济和生态的双赢,而这个目标包含两个方面,一方面是经济的合理增长,另一方面则是自然环境的合理利用与保护。当前主流可持续发展的观点也承认高技术产业生态转型的动力系统包括这两个方面,但在具体的研究中往往偏重于后者。而本书的思路是:

---

① Common M,Perrings C. Towards an ecological economics of sustainability. *Ecological Economics*,1992(1).

可持续发展离不开经济的合理增长,经济的合理增长又离不开创新。具体到高技术产业生态转型,则是创新促进经济增长,而如果按照可持续发展的思想进行创新,从理论上则能够实现经济和生态的双赢。产业生态转型与产业竞争力有着一定的联系,了解产业竞争力的影响因素有助于了解产业生态转型的影响因素。

实现生态创新是本书的研究重点,而生态创新也是创新的一种。所以本章首先对如何实现创新进行全面深入的分析,由熊彼特提出的创新概念开始,回顾了有关创新的内涵和动力因素的经典论述,并推断这些动力因素应当也是生态创新的动力因素。唯一的区别是这些动力因素对生态创新的作用方式与路径不同,这也是本书的研究重点。产业生态转型并不能完全依靠狭义的生态技术创新,而是依靠广义的生态创新(包括狭义的生态创新以及营销创新和管理创新等诸多经营要素的生态创新)。本章也对产业竞争力的构成要素进行了深入的分析,在查阅相关文献后认为,产业竞争力主要在于广义创新的能力,具体主要包括生产与设计、销售与服务、管理与协调这三个方面。要实现产业生态转型,需要进行可持续发展的广义生态创新。但这是一个系统工程,生态经济系统的思想对构建转型的动力系统有直接影响,所以本书借用生态经济系统的构成、功能与特点等相关思想,进而认为产业的创新方向需要由可持续发展思想来指导,因此对可持续发展思想的界定就显得尤为重要。

依据对可持续发展的权威定义,本书总结了可持续发展的各种经济学类的定义。这些定义有互相连通之处,也有各自的特点。但总体来说可持续发展可以分为两大类:强可持续发展和弱可持续发展。强可持续发展的思想要求经济的发展尽可能少地消耗自然资源,尽可能减少污染环境,尽可能实现资源的循环利用。这种思想可以理解,但本书认为在现实中很难实现,因为这需要付出的人造资本过大,任何一个国家甚至国家群体都难以承受。换言之,人类的科学技术尚不能实现这样的可持续发展。而弱可持续发展则要相对务实一些,该思想仅要求所支付的自然资本小于人造资本即可。按照弱可持续发展思想的定义,需要对每一个产业的创新进行生态效率的计算,当其效率值足够高时,便是可以实现弱可持续发展的生态创新,反之则不是。按照该指导思想使产业进行生态化,产生生态创新,完成产业生态转型,进而就能实现弱可持续发展。

第 3 章　高技术产业生态转型及其动力系统

　　高技术产业生态转型是一个高度复杂的非线性动态过程。它不仅取决于产业内部的资本、人力、技术和管理等多因素的综合运用,更为重要的是产业外部对高技术产业生态转型的合理推动,如国民经济水平就对转型起着极为重要的作用。所以高技术产业生态转型的动力系统是一个由多动力要素构成的复杂系统,它影响着高技术产业生态转型。鉴于该动力系统构成要素的复杂性,必须以系统科学发展观为指导,对高技术产业生态转型及其动力系统以及系统的相关要素进行深入分析。

3.1　高技术产业生态转型

3.1.1　高技术产业生态转型的定义与原则

　　明确高技术产业的定义是深入研究高技术产业生态转型的基础。何为高技术产业? 发达国家已有各自的定义:英国对高技术产业的定义是包括信息技术、生物技术以及其他位于科技前沿的产业群;法国的经济学家则认为只有具备了高素质的劳动力并且其生产的新产品已经形成新产业分支的一类产业才是高技术产业[1];美国诺贝尔经济学奖得主纳尔逊则认为高技术产业是有大量投入研发资金和迅速的技术进步特征的产业[2]。

---

　　① 顾朝林:《中国高技术产业与园区》,中信出版社,1998 年。
　　② 魏心镇:《新的产业空间》,北京大学出版社,1993 年。

我国学者对高技术产业的定义有很多,但大多数学者均承认其是以技术密集和高附加值为特点的新兴产业群①。此外还有些学者认为,高技术产业不仅包括生产高技术产品或服务的产业,也包括应用高技术产品或服务的产业②。

产业生态转型则是将发展目标从单一追求经济增长逐步转变为经济和生态双赢的过程。所以本书认为,高技术产业生态转型是以高技术产业为主导的产业经济系统向产业生态—经济系统转变的过程,即高技术产业生态化过程。这里的高技术产业是广义的,不仅仅指高技术制造业,也包括高技术服务业和应用高技术的传统产业。因此,本书所研究的高技术产业生态转型,并非仅仅是高技术制造业的生态转型,而是以高技术制造业、高技术服务业和应用高技术的传统产业为主导的产业生态转型。

高技术产业生态转型的最终目的是实现可持续发展,因此高技术产业生态转型实际上更多的是需要企业改变自身的行为,进而促进高技术产业生态转型。这就与循环经济理论对企业的指导思想不谋而合。传统的循环经济强调 3R 原则,而自从在阿联酋举办"思想者论坛"后,循环经济的 3R 原则逐步扩展为 5R 原则,并得到世界上大多数学者的认同,自此循环经济有了新的指导原则③。5R 原则分别是:

(1) 再思考(Rethink)原则

该原则强调对旧有经济理论的重新思考。新理论强调经济活动不仅是资本和人力的再循环,也是资源的再循环过程;产业的生产行为除了获得经济利润外,还要保护自然环境。这需要

---

① 李悦:《产业经济学》,中国人民大学出版社,1998 年。
② 郭励弘:《高技术产业:发展规律与风险投资》,中国发展出版社,2000 年。
③ 张培刚:《发展经济学教程》,经济科学出版社,2001 年。

对传统的经济理论进行重构并在部分企业得以实现,使产业能够在认知层面上承认双目标的合理性和合利性。

（2）减量化（Reducing）原则

该原则强调既要减少资源的使用,也要减少废弃物的排放,产业的整个生产过程每一个环节都有专门的减量化措施,尽量减少资源的使用和废弃物的排放,在生产时尽量降低包装的使用,增加可重复使用或提高产品的耐用性,降低一次性产品的生产规模,从而使整个社会向减量化演变。

（3）再使用（Reusing）原则

该原则希望产业对已经购买的生产设备能够尽可能长时间地使用,或者对生产设备进行模块化,从而能够只更换极少的部件就能实现技术升级。这样不会因为少部分零件升级就导致整台设备被淘汰,而且即使淘汰整台设备,也可以拆下设备上还能使用的零件使用在其他地方。

（4）再循环（Recycling）原则

该原则主要是指产业应当积极利用其他产业或自身的废弃物并将其变废为宝重新利用。这样不仅可以使过去没有经济价值的废弃物变成有经济价值的原材料,从而运用市场方式解决废弃物的处理难问题,而且还可以促使经济系统向闭环转变,降低资源的消耗和废弃物的排放。

（5）再修复（Repair）原则

产业的生产行为很难不对自然环境造成一定的破坏,该原则主张谁破坏谁修复,所以产业应当承担对自然环境的修复责任。一旦自然环境遭到破坏,产业应当自行修复被破坏的自然环境,这就需要构建产业生态园区或生态城市等。

5R 原则是按照强可持续性的目标来设置的,因而在短时间内完全实现的可能性不高。但是高技术产业生态转型可以依据5R 原则对企业的发展方向进行规划,从而使高技术产业生态转型有据可依。

3.1.2　高技术产业生态转型的内容

（1）设计生态化——生命周期设计

与生命周期设计（Life Cycle Design，LCD）相类似的概念很多，诸如环境设计（Design for Environment）、绿色设计（Green Design）和生态设计（Ecology Design）等，但本书认为这些概念大体相近，可将其视为生命周期设计的同类定义。生命周期设计的含义是通过对产品设计上的改进，使得产品的整个生命周期对环境的破坏程度降到最低，从而形成一种企业的生态系统以及生态消费[①]。这种设计思想在发达国家已逐步进入成熟阶段，在企业界得到了广泛的应用，获得较好的经济和生态收益。但是这种设计思想在我国尚处于运用的初期，并且发展较慢，很多大型国有企业的管理者对生命周期设计并不知情或知之甚少；即使少部分企业管理者知道这个概念，也很难将其运用到企业的科研中去。这其中既有资金、技术和观念的问题，也有企业体制的问题。而与此相反，小型高技术企业的管理者对该概念往往较为了解，但碍于高昂的投入成本只能望而却步。

传统产品设计与生命周期设计在设计的每一个阶段都存在较大的差异。生命周期设计将低能耗、易拆卸以及再利用等设计思想融入设计指标中，从而实现低成本、低生态足迹和高资源使用效率。两种设计的具体区别见表 3-1。

---

① 苗泽华，等：《生态设计——21 产品设计的主旋律》，《商业研究》，2003 年第 12 期。

表 3-1　传统产品设计和生命周期设计之间的区别

比较因素	传统产品设计	生命周期设计
设计目的	以传统消费为导向,不符合可持续发展	以生态消费为导向,符合可持续发展
设计依据	主要考虑产品的使用功能、经济收益和成本	根据生态效率包含的经济和环境指标来进行全面的产品再设计
设计工艺	基本不考虑产品的回收,极少数贵金属除外	模块化设计,可拆卸、易回收,尽量避免毒废物质的使用和排放
设计人员	不具备环境道德,在设计过程中很少考虑到对环境的当前和后续影响	具备较高的环境道德,在设计过程中全面考虑对环境的当前和后续影响

　　生命周期设计主要包含四个方面的内容:原材料的选择、回收的设计、包装的设计和拆卸的设计。

　　第一,原材料的选择。生命周期设计要求产品在最开始进行生产的时候便是符合生态要求的,所以其原材料也应当是资源环境友好的(这里也包括其他产业的副产品的利用)。这种原材料具有良好的使用性能,在产品的整个生命周期内能源消耗低、资源利用高、环境污染小且也较易回收;其主要特点是:材料自身具有质量较高、能耗较低的属性,生产的过程安全隐患少并且引致的各种污染较少,产品在使用完毕后可以尽可能地回收。这种设计要求企业需要考虑在传统产品设计的基础上进行改进,对自身的研发体系进行升级,使企业生产的产品能够合理地运用这种新型材料,并将其效用发挥到最大。

　　第二,回收的设计。这对企业的要求更高,需要企业具备战略眼光,在产品设计初期就考虑到企业使用结束后的处理方式。这样可以使产品的利用效率得到极大的提高,从而节约材料和资源,并将企业生产对环境的影响降到较低水平。回收的设计主要包括回收的材料、回收的工艺、回收的经济效益以及回收产品零件的设计等。在发达国家已经有很多企业运用该思想,比如大家熟知的诺基亚手机电池,由于电池的成分有很多都是对环境会产生巨大污染的化学元素,比如锂、汞等,诺基亚的电池就可以简单地回收再利用,这样就极大地减少了废弃电池对环境的污染。

第三,包装的设计。传统的包装仅是产品的附属,而当代的包装则是产品的重要组成部分,这是因为包装能够部分地体现产品的价值和企业生产该产品的价值观。生态产品除了应具备传统产品所具备的基本功能外,还应当具备环境友好的属性。而合适的包装则能够体现生态产品的全新特征,因此包装的重要性显而易见。这样的包装对包装材料的选定、结构、颜色甚至废弃回收都有严格的要求。很多生态产品都将自己的包装材料选为对人类无危害、可降解甚至可食用的物质,使具备环境道德的消费者更加青睐这样的生态产品,因为消费者使用这种包装会产生一种保护环境的道德感。

第四,拆卸的设计。拆卸的设计实际上是生命周期设计的一个重要部分,也是最早的部分。该设计主要是希望能够从废弃的产品上拆卸下有用的产品零件,要求在产品生产之前就已经设计好产品的拆卸结构以方便日后的回收再利用,从而能够节约资源和降低环境污染。设计的主要内容有:产品的可预见性(降低产品被污染和被腐蚀的可能性)、减少拆卸的工作量、降低拆卸的难度、方便处理和分离以及减少零件的多样性等。企业的拆卸设计还要求对企业和产品有深入的了解,能够方便对其模块化处理,否则该设计很难实现。

(2) 生产生态化——清洁生产

清洁生产作为生产生态化最标准的模式,也可以说是实现可持续发展的最佳模式。清洁生产是在长时间的工业治污过程中逐步形成的一种思想,既包括产业内部的清洁生产,也包括产业间的清洁生产——工业生态园。20 世纪下半叶,当发达国家在末端治理模式取得较大成就时,却发现付出的成本高昂且难以承受,于是发达国家的企业家和专家们便开始思索更为有效和性价比更高的治污模式。到 20 世纪末,随着可持续发展的思想被大部分国家所接受,治理污染的模式也从末端治理模式逐步转向以预防污染为主的模式,这种"源头预防"的战略被联合国环境规划署定义为"清洁生产",并由联合国带领各国积极推动①。

根据国际经验来看,清洁生产离不开生态规制。美国制定的《污染预防法案》中强调"预防污染"是美国的一项基本国策;这是世界上首次通过立法对预防污染进行认可,在发达国家中引起了强烈反应。荷兰则是实行清洁生产规划较为成功的国家,它规定企业在排污时需要申请排污许可证,而其申请报告必须要体现出企业清洁生产的发展战略,这样企业就要使用清洁技术、制定清洁生产计划、进行清洁生产审计以及登记污染排放物等。还有些国家采取经济激励措施,包括类似于环境税之类的手段,比如挪威就规定企业每使用一吨当量的化石原料就需要交至少 50 美元的税,但是这种效果远不如立法手段的效率高。大部分发达国家都设立了相关的信息平台,可以为企业提供清洁生产的示范项目、信息交流和人才培养等,用以支持清洁生产的实现。我国对清洁生产的认识与发达国家几乎同步,但是由于经济体制、产业结构以及当时的经济实力所限,一直没能跟上发达国家的步伐,直到 1993 年在世界银行资助下才开始大规模地推行清洁生产的试点工作。又经过 10 年,我国才正式颁布了《中华人民共和国清洁生产促进法》,逐步实现了清洁生产的法制化。

---

① 徐建中,邱尔卫:《浅析绿色企业文化》,《商业研究》,2006 年第 12 期。

传统的末端治理模式强调的是"治理",清洁生产则在整个生产环节进行改进,重在"预防"。末端治理模式几乎没有经济效益,而清洁生产则能够实现经济和环境的双赢。清洁生产的具体内容有以下几项:

第一,发展清洁生产技术,更新生产工艺。清洁生产是一个相对概念,由于企业很难实现完全的闭合循环,所以企业的生产行为对资源总是有一定的消耗,对环境总是有一定的破坏。而闭合循环就类似于一个极限,企业通过不断的改进向极限靠近,但很难达到极限。所以清洁生产技术总能够被更先进的清洁生产技术所替代,因此企业必须注意技术的更新,跟上清洁生产技术发展的步伐,使产品不断升级。这样既提高了企业的竞争力,也提高了企业的生态化程度。

第二,建造清洁工厂。清洁工厂的重点在于企业的绿化和美化等方面的建设。一方面能够培养企业员工的环境道德,促使企业员工爱惜自己所在的地方和企业,在生产的过程中感到心情愉悦从而更加重视环境;另一方面通过对工厂的绿化和美化,能够净化厂区的空气和调整厂区周围的温度以及吸收空气中的粉尘,而这些也有利于企业全体员工的健康。从经济学角度来讲,因健康问题而损失一个有能力的员工所带来的损失远比绿化的花费要多得多。

第三,设计生态工业园。随着产业集聚现象的出现,产业布局变得越来越重要,企业的选址以及哪些企业聚集能够既促使经济发展、又减少生态足迹成为一门科学。一方面,企业的选址对当地环境所产生的经济和生态影响需要进行科学的估算,若其经济效益小于生态影响,则要对选址进行重新考虑;若经济效益大于生态影响,则可以认为该选址是科学的和合适的。换言之,即需要对选址的生态效率进行计算,并结合当地的实际经济情况科学地评估确定标准,而后对选址的合理性做出决策。另一方面,产业布局则是转型系统的内部不同产业之间的关联,尽量实现产品的循环和副产品的循环,使得形成生态工业园,尽可能地减少转型系统的生态足迹。

第四,中国依然要保证实施末端治理。中国在现阶段不可能实现完全的清洁生产,依然会有大量的排放物进入到自然界,长远来看这些排放物会对我国的环境产生恶劣的影响。如果单纯强调清洁生产,一是很多企业难以达到标准,二是即使达到了标准的企业也还是会有废弃物的排放。所以依然需要对企业的排放物进行预先的处理,然后再将最终的废弃物集中到一起,实现集中末端治理。但这样的措施仅是权宜之计,目的是为实现清洁生产创造空间和时间,因为末端治理的费用高昂,这加重了企业的负担,不利于经济的稳定增长。

(3) 管理生态化——生态文化

对于财务管理的生态化需要政府尽早设计出绿色 GDP 核算体系和绿色财税体系,在此本书不作深入探讨。本书讨论的管理生态化的重点在产业最容易忽视的"软"实力——文化。生态文化是转型系统内每一个企业全体员工在长期的共同实践过程中形成的被全体员工所接受的一种价值观。每个企业都有自身的文化特色,企业文化对企业的成长起到较大的影响作用,是能够促使企业开始重视节约资源和保护环境的所有知识和文化的总和。任何文化都是建立在一定的物质基础上的,生态文化也不例外。企业根据生态文化的核心——生态精神在物质的基础上构建相应的生态制度,促进企业的经营逐渐生态化[①]。这样生态文化可以分为三个层次,由基础层次向核心层次逐级递进依次是物质层、制度层和精神层。

---

① Peattie K. *Rethinking marketing : shifting to a greener paradigm*. Greenleaf Publishing, 1999.

　　物质层的建设是建立生态文化的基础,是形成生态文化制度层和精神层的必要条件。对物质层的建设主要包括建立对应的管理部门、塑造企业的生态形象以及将企业的生态目标公之于众。由于生态文化建设具有迟滞性,在建设生态文化之前需要投入一定量的人力、物力、财力以及提供相关的支撑,这需要企业内部有专门的管理部门来负责这项工作,专门从事生态文化的建设。该管理部门的组成成员最好包括企业所有生产部门中的高层次人才,甚至还可以包括部分产品的消费者。这些人要具备一定的管理和生态学知识,并且对各自所在的部门较为熟悉。按上述要求组建的管理部门具有一定的权威性,能够监督或引导企业的生态文化建设。这样一方面可以影响企业的决策层对环境问题的重视程度;另一方面能够在企业各部门之间起到沟通和协调作用,降低企业生产过程中对资源和环境的不利影响。企业对生态文化的建设还需要利用内外的宣传手段,使企业员工和消费者理解企业的生态目标,增强自身作为生态企业在他们心目中的形象(该内容将在下一节中详细阐述)。

　　制度层的建设是生态文化的关键点,是企业经营的基本准则,也是企业各部门之间的联系纽带。要建立生态文化就需要严格的规章制度,这就要求企业先建立初始的生态制度,而后再不断地完善。企业在建立生态制度前,首先要了解自身所处的生存环境,深入分析企业的污染源、排污类别以及路径,收集企业内部有关各方面对资源、能源使用效率不高的情况;其次分析企业提高资源使用效率的可能性,并对这种可能性进行可行性评估;再次依据相关的生态规制提出具体的改进方案和执行细则;最后按照方案和相关执行细则逐级递进地调整企业的生产经营模式,并在生产经营过程中对制度不断地进行科学的完善和修订,逐步将经济和生态双赢的思想融入企业每一个员工的思想中去。

精神层的建设是生态文化的核心,主要是指全体员工和管理层将对资源环境的节约视为与利润同等重要并且可以同时实现的目标。这需要充分发挥企业家的生态意识。在传统经济中,企业家依靠自身的不断拼搏和坚韧不拔的作风最终获得企业的生存权。在当代生态经济中,企业家需要具备新的能力以获得经济和环境的双赢。首先,企业家自身需要具备可持续性发展的长远发展观,将提升资源和环境的使用效率也作为企业的一项基本业务,促进经济和环境的协调发展。其次,增强有关生态规制内容的理解和执行程度,约束企业针对资源环境的不道德行为;对企业人员进行培训和教育,使其树立良好的环境道德观;对企业生产经营过程中提出的生态改进的创意进行奖励,以起到示范作用。最后,当企业发展到一定程度时,可以提取一部分利润帮助所在地区的人们认识、理解并支持生态经济的发展模式。

虽然生态文化的构建者是企业自身,但政府也必须为企业文化的转型提供良好的辅助措施,比如尽早建立绿色 GDP 核算体系和绿色财税体系,以及对建立生态文化较为成功的企业进行大规模的宣传和报道,快速传播企业文化理念,从而进一步加快企业生态文化的建设。

(4)营销生态化——绿色营销

绿色营销(Green Marketing)是 20 世纪末与可持续发展同时发展的一种概念,其与环境营销(Environmental Marketing)的概念类似,国内外有很多学者对其给出了各种定义。本书采用国际上最早提出"绿色营销"的学者所持的观点,将其定义为:在环境的可承受范围内识别、评估及满足消费者的需求以创造利润的管理过程①。绿色营销是当代营销模式的一个重要发展方式,虽然它与传统营销一样,均需要进行市场调研、对市场细分并选择、制定对应的市场营销计划以及制定市场营销的组织策略等。但二者存在巨大差异,这也是绿色营销区别于传统营销的特点,主要体现在营销观念和营销手段上。

在营销观念上,实现从传统营销观念所关注的 3C(企业 Corporation、顾客 Customer 和竞争者 Competiter)逐渐向 5C(顾客 Customer、成本 Cost、便利 Convenience、沟通 Communication 和环境 Circumstance)转变,可见企业营销的关注重点开始包括资源和环境了。所以绿色营销观念是以可持续发展为导向的营销观,从而实现企业利益、消费者利益和社会利益的统一;并且以社会利益为总体效益的中心,在此基础之上企业遵循社会的道德规范,注重社会公德和相关法律法规,完全承担企业的社会责任。

营销手段在分销和促销手段上与传统营销也有很大区别。采用绿色分销手段的企业除了更加重视降低分销成本外,还考虑在分销过程中尽量减少对资源的消耗和环境的污染(比如使用无铅汽油),改进储存产品的技术,节省分销环节,使其更节能也更环保。此外企业还能设立生态产品的直销店,进一步减少分销环节,实现绿色分销。绿色促销主要包括绿色广告、绿色公关、绿色推销和绿色营业推广。绿色广告是指企业通过公共媒体或中介向生态消费示意其产品为生态产品的行为,这样能够引导生态消费对该企业产品的忠诚度不断提升。绿色公关则主要是专门针对那些广告效果不明显、规模较大的公关对象设计的,使该公关对象对企业的生态产品有较为全面的了解;这样的

---

① 吴俊杰:《我国企业绿色营销问题与对策探析》,《生态经济》,2010 年第 12 期。

对象一般是大型客户、公共部门或行政部门,绿色公关可使这些客户和部门对企业的生态产品给予一定的支持甚至优惠政策。绿色推销主要是针对普通消费者的策略,绿色推销人员应该对该生态产品有较为全面的了解,能够向普通消费者说明该产品的优势,吸引消费者对该产品的兴趣,并将从消费者身上收集的一些信息及时反馈给企业管理层以便企业做出进一步的决策。绿色营业推广是促销的补充形式,通过对产品的免费试用、赠送礼品等形式来鼓励消费者使用该生态产品,在提高企业知名度的同时也提升了生态消费的忠诚度,从而稳定了市场份额。值得一提的是,虽然长期来看生态产品的价格会下跌,但是短期来看其价格是比较高的,所以政府有必要提供一定的补贴以帮助企业度过营销的艰难阶段,避免企业将高昂的分销或促销成本转嫁给消费者,从而减缓生态产品降低价格的速度。

企业在从传统营销模式转变为绿色营销模式的过程中,一般采取以下步骤:首先,设立生态营销的目标并在企业内部公开;其次,制定具体的绿色营销规划,并将资源环境问题作为营销规划的核心部分予以考虑;然后,执行绿色营销规划,力争使企业成为生态企业;再次,检验生态目标是否实现,若实现了则向外界公开;最后,提供真正的生态产品并和生态消费的支持者开诚布公地交流[1]。

3.2 高技术产业生态转型的动力系统

3.2.1 动力要素的内涵

不同的研究领域将系统的发展要素分为不同的类型,如流

---

① 吴俊杰:《我国企业绿色营销问题与对策探析》,《生态经济》,2010 年第12 期。

动性和非流动性要素、自生性和再生性要素等。依据研究的需要,本书将系统的发展要素分为一般要素和动力要素两大类别。每一个经济系统发展的条件和所具备的要素并非完全一样,但是有一些要素和条件却是任何一个经济系统发展都必不可少的。那些对经济系统的发展起着根本决定性作用的要素,就可以称之为经济系统发展的动力要素。因此动力要素具备双重性,即既可以推动系统的发展也可以制约系统的发展,而本书所指的动力要素更多从其推动系统发展的角度出发。具体而言,高技术产业生态转型的动力要素就是能够直接推动其长期持续转型,进而促进整个产业运行方式发生转变的根本决定性力量。动力要素和动力主体并不一样:任何经济活动的动力主体都是人,毕竟经济系统属于人造系统;而作为系统发展的动力要素,则涉及发展过程中客观的内外动因。高技术产业生态转型的动力要素应该能够有效地促进产业结构升级,带动技术进步和提高劳动生产率,优化资源和能源的利用效率以及减少废弃物的排放。可以说,高技术产业生态转型能否成功,很大程度上取决于该动力系统所拥有的动力要素的多寡以及强弱。

　　这里需要分析一下一般要素和动力要素之间的区别。有些经济学者认为传统农业生产率的提高是工业化的前提条件和动力要素,但实际上农业生产率的提升和工业生产率的提升一样均是技术进步的结果[1]。也有一些经济学者认为,资本积累是工业化的动力要素,譬如哈罗德—多马增长模型所显示的:资本的不断积累是经济增长的唯一决定性要素。这一思想对我国经济的发展也存在较大的影响:改革开放后,从中央到地方的各级政府制定的各类招商引资的政策层出不穷,试图用我国巨大的市场潜力吸引外国资本流入我国进行投资,从而使我国具备经

――――――――――

① 张培刚:《发展经济学教程》,经济科学出版社,2001 年。

济发展资本的同时又能够得到先进的生产技术。但实践证明，这些政策除了使我国经济得到突飞猛进的增长和付出巨大的资源环境代价之外，并没有因此获得多少有价值的核心技术，因为真正的核心技术是不可能通过市场换来的。因此，本书认为资本虽然是高技术产业生态转型的生产要素，但并非其发展的动力要素。此外还有一些经济学者认为国际贸易是经济发展的动力要素，但本书认为国际贸易只是提供了一个发挥系统内生产要素作用的机会，并非经济系统发展的动力要素。因此 Kravis 把国际贸易称为"增长的侍女"①，其对经济发展的作用便大大降低。

3.2.2 动力系统的构成要素

从现实来看，经济系统发展的原动力依然是创新。而创新之所以能够成为经济系统发展的原动力，则是因为具有创新精神的企业家和起着支撑作用的市场经济体制。但出于对公共物品综合有效利用的思考，政府作为公共物品的监护人肯定先于企业和消费者有所作为。虽然由于信息的不对称和知识文化程度的不同，消费者不一定能够对公共物品有保护和节约的意识，但是在政府的某些宣传和规制之下却能够将政府规制能力进行放大。依据文献综述的内容，本书认为推动高技术产业生态转型的动力要素包括政府针对资源环境对产业的规制和消费者的引导——生态规制；消费者在自身素质的基础上对政府政策的响应，从而改变自身的消费偏好——生态消费；企业家为符合生态规制和满足已改变的消费者偏好而引发企业利用占有的生产要素进行的竞争与合作行为（既包括同一产业内部，也包括不同产业间）——生态创新。其中生态规制为高技术产业生态转型

---

① Kravis I. Trade as a hand-maiden of growth: similarities between the 19th and 20th centuries. *Economic Journal*, 1970(12).

的原动力,而动力源则是我国较为落后的经济发展水平和不断增加的资源、环境和人口的压力;生态消费为响应动力,能够将原动力进行放大后施加给生态创新;生态创新为承载动力,承载生态规制和生态消费的动力影响,转变企业的运行模式,成功实现高技术产业生态转型。生态规制和生态消费为产业的外部动力,而生态创新则是产业的内部动力,只有产业的内外动力协同作用,才能实现高技术产业生态转型,而这也正是其动力系统所追求的目标。其中生态规制对应规制创新,生态消费对应市场创新(应注意,这里的市场创新并不是企业新创造的,而是受政府政策和宣传的影响产生的),生态创新则对应着产品、工艺和组织的创新。生态创新和生态消费的协同作用能够实现经济和生态的双赢,完成高技术产业生态转型(参见图 3-1)。至此,本书已对高技术产业生态转型和推动高技术产业生态转型的动力系统进行了清晰的定义。为方便区分这两个系统,本书将高技术产业生态系统简称为转型,将推动高技术生态转型的动力系统简称为动力系统。

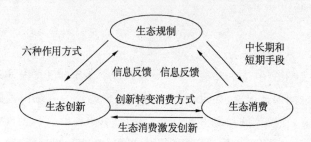

图 3-1　高技术产业生态转型的动力系统示例图

3.2.3　动力系统的运行特征和结构特性

如前所述,动力系统由三大动力要素构成,每一个动力要素实际上又是一个动力子系统。这样的动力系统会有其自身的运行特征和结构特性,对其进行分析有利于深入了解动力系统内部的运行机制,从而对其每一个动力子系统进行分析。本书认为动力系统具备四个主要的特征：整体性、结构性、有序性和开放性；而其结构特性则主要为稳定性、关联性、可变性和层次性。

所谓动力系统运行的整体性，是指动力系统并不是各种动力要素的随机组合，各种动力之间也不是毫无规律的偶然堆积，而是由许多动力子系统按照某种功能组合起来的有机整体。因此，在对其各个组成部分的功能和特征有一定了解之后，在此基础上将动力系统作为一个整体加以研究，从整体与部分相互依赖、结合、制约的关系中揭示动力系统的特征和运行规律。系统科学中的一个重要思想是系统的整体功能并不是各个部分功能的简单加总，作为一个整体的系统可能会产生一些组成部分所没有的新功能。所以，判断和分析动力系统的功能和效率绝对不能简单地从某一个或某几个动力要素的功能和效率分析就得出结论，而应从整体上分析各动力要素之间的相互关系，这样才能得出正确的结论。

假设 p 为动力要素的功能值，P 为动力系统的功能值，那么有：

$$P = c \sum_{i=1}^{n} p_i \qquad (3\text{-}6)$$

式(3-6)中，c 为功能系数，一般来说 c 不等于 1。根据动力要素之间的情况看，如果 c 大于 1，那么说明动力系统内部配合得较好，使整体的功能得到放大。相反，如果 c 小于 1，则说明动力系统内部存在矛盾，使动力要素之间的功能互相抵消，导致整体功能被削弱。

所谓动力系统的结构性，是指动力系统内部各动力要素之间均以一定的组织形式联系在一起，并且彼此之间发生着相互作用和影响。各动力要素之间的这种组织形式就反映了动力系统的结构特性，动力系统的结构对于动力的功能也有重大影响；不同的动力系统之间由于结构的不同而产生功能的差异是正常

现象。即使是同一动力系统,若动力结构不同,也可能使动力系统的功能出现巨大差异。结合式(3-6),则有:

$$c = P / \sum_{i=1}^{n} p_n \qquad (3\text{-}7)$$

式(3-7)中,功能系数 c 不等于 1(现实中难以刚好达到临界状态)。如果 c 大于 1 则说明动力系统的结构比较合理,能使各动力要素的功能得到充分发挥,并将放大系统的整体功能。如果 c 小于 1,则说明动力系统的结构并不合理,存在结构扭曲,使各动力要素的功能难以充分发挥,降低了动力系统的整体功能。

所谓动力系统的有序性是与无序性相对而言的。动力系统的无序性是指在动力系统中,各个动力要素之间在功能上存在矛盾。无序性会影响动力系统功能的发挥,而有序性则表明了系统内部组织是合理的,系统内部组织是否有序决定了动力系统的整体功能能否得以发挥。系统的有序性越强,则说明其不确定性就越小,所要传递的信息也就越明确。在高技术产业生态转型时,无论是政府、企业还是消费者都应积极寻求和采取措施,最大限度地增强动力系统的有序性。从这个意义上来看,动力系统本身的有序性就更加重要了。

动力系统的开放性是指动力系统与外界交换信息、能量和物质,特别是动力系统依据所处环境的变化而演变。动力系统的开放性是动力系统有序性的重要保证,只有当动力系统是开放的,才能不断地从外界环境中汲取负熵流,使得系统内部的熵值保持不变或下降,从而保持或增强动力系统的有序性。

根据系统理论,结构是功能的基础,而功能则是结构的表现。动力系统是结构和功能的有机统一。而稳定性是动力系统存在的一个基本特点,一个动力系统一旦形成,那么作用于其内在的动力系统则会逐步向某个定态转变,这就是动力系统结构的稳定性。动力系统依赖于转型,从某种意义上来看,动力系统直接受转型的影响,它们之间具有直接和间接的关联性。由于动力系统是一个开放系统,在与外界发生物质、能量和信息的交换过程中,动力系统的结构会发生变化,因此其结构存在可变性。动力系统也是一个复杂的系统,其结构具有明显的层次性,这些动力层次可以初步分为三个:子系统内部因素的相互作用、子系统之间的相互作用以及整个系统动力要素的协同作用。

3.3 本章小结

很多经济学者试图研究与高技术产业生态转型相关的动力要素,研究到一定程度后却发现无法再进一步深入,究其原因是混淆了转型和动力系统之间的区别。由于他们使用的方法均是偏向具体的实证方法,如物流分析法等,这些并不是经济学者所擅长的,而促进高技术产业生态转型的动力系统本是经济学者擅长的,却由于没有得到经济学者们相应的重视,因此在理论研究上进展缓慢。

本章从高技术产业转型及其动力系统的定义入手,剖析高技术产业生态转型的本质,对高技术产业生态转型的内涵、构成要素、功能和特征进行了深入研究,严格地界定了高技术产业生态转型的定义:高技术产业生态转型是以高技术产业为主导的产业经济系统向产业生态—经济系统转变的过程,即高技术产业生态化过程。这样便于研究高技术产业生态转型及其趋势,为下一步构建高技术产业生态转型的动力系统创造条件。

对此,本书依据文献综述中已有的成果,设定高技术产业生态转型的动力系统的构成要素包含生态规制、生态消费和生态创新,这三个构成要素的协同作用促使动力系统不断增强系统功能。其中生态规制是高技术产业生态转型动力系统的原动力,同时规制着生态消费和生态创新。生态消费在生态规制的影响下不断地转变消费偏好促使生态创新动力,生态创新则在生态规制和生态消费的双重推动下,不断地进行高技术产业生态转型。其中生态规制和生态消费是转型的外部动力,而生态创新则是转型的内在动力,所以内外动力的协同作用便使高技术产业生态转型不断地进行,最终实现转型的目标——经济的可持续发展和产业竞争力的提升。

第4章 生态规制动力子系统

在清晰地定义了高技术产业生态转型和高技术产业生态转型的动力系统之后,对高技术产业生态转型的动力系统便有一个整体的认识;但要深入研究该动力系统,就应当对动力系统的每一个子动力进行进一步分析。生态规制作为整个动力系统的原动力,是整个动力系统研究的重点和难点。转型系统的发展离不开生态规制,但是怎样的生态规制才是科学合理的一直存在着争议,本章将从生态规制的成因入手,全面展开对生态规制的分析。

4.1 生态规制的成因——市场失灵

按照 Stiglitz 的观点,市场失灵有微观经济层面的原因,也有宏观经济层面的原因。即除外部性、公共物品和信息不对称等微观因素造成市场失灵之外,分配不公、经济周期、通货膨胀与紧缩以及失业等宏观因素也是造成市场失灵的原因[1]。但是理论研究一般不考虑宏观经济层面的因素对市场失灵的作用。大多数经济学家在使用市场失灵这一学术术语时,都指的是帕累托最优条件未得到满足的情况,并且几乎都没有考虑宏观经济层面[2]。根据研究需要,本书仅在微观层面上讨论与资源和

---

① Stiglitz J. *Economics of the public sector*. Norton & Company,1988.

② Nicola A. *The foundation of economics policy: values and techniques*. Cambridge University Press,1998.

环境相关的市场失灵。任何一个领域方面的专家,如化学、物理、生态、建筑和社会等领域的专家对本领域的深入了解都是推动转型系统发展的重要研究基础。接下来本书将从市场失灵出发,尽量以经济视角来审视为什么是生态规制而不是生态消费需要动力系统的原动力。

有些经济学家认为市场能够非常有效地配置资源,然而实际上市场配置资源的效率并没有理论上那么高,并且这种情况在资源和环境方面特别普遍。福利经济学第一基本定理假定存在完全竞争市场,但实际上市场并不是完全竞争的,这主要是由于外部性和公共物品的存在,以及在不确定情况下由交易费用和信息不对称原因所产生的现货或未来市场的缺失①。

4.1.1　外部性

假设个人的效用函数或一个企业的成本函数、生产函数不仅依赖于那些受其支配的因素,同时还依赖于一些并不受其支配的因素,若这种不受其支配的因素的依赖性又不受市场交易的影响,那么该函数是存在外部性的②。也就是说,在两个当事人缺乏任何相关的经济交易情况下,由一个当事人向另一个当事人提供的物品束③。外部性所要强调的是物品在两个当事人之间转移是在他们之间缺乏任何交易的情况下发生的。那么供应者和接受者之间最起码在事实发生之前是缺乏任何有关补偿支付的谈判的。所以,如果一个消费者因为企业的污染而受到伤害,这并不意味着他与该企业有任何直接的交易,即使这个消费者购买了该企业的产品或是该企业的员工。外部性有很多不

---

① Magill M,Quinzii M. *Theory of incomplete market*. MIT Press, 1996.

② 黄有光:《福利经济学》,茂昌图书有限公司,1999 年。

③ Spulber F. *Regulation and market*. MIT press,1989.

同方式的定义,但是一般是指个人或企业对另外一方造成的无意的、不用补偿的副作用,这些副作用是由于消费或生产在技术上的不可分造成的。因而这些副作用并不是有意的伤害,但却很难避免。值得一提的是,只有非市场性的依赖才能称为外部性。而资源和环境的产权或市场的缺失正是外部性产生的原因,这可能会使使用者过度使用这些物品,其行为类似于搭便车:不考虑其他使用者的公共权利,增加其他使用者使用资源和环境的成本。比如,如果居民对居住地的河流具有产权,那么企业对该河流的废水排放首先要取得该河流的产权,废水排放就被市场内部化,但实际上建立这样的产权或市场在我国当下很难实现。外部性也是产业生态中的基础概念。在现实经济活动中,排他性经常是不彻底的,外部性却十分常见。许多外部效应都得到了容忍,并且没有妨碍正常的市场交易①。但是我国当前所面临的资源和环境问题以及在核心技术方面的落后绝非小事,而经济和环境方面的依赖关系又是长期的,这就使得产权的协商和界定变得十分困难。

4.1.2　公共物品

在西方经济学所考察的竞争性市场中,无论是生产者还是消费者,物品的使用都具有排他性的特点,即一个人对某种物品使用会限制他人对该物品的使用。然而在现实中,并不是所有的物品都具有排他性,即一个人对某种物品的使用的增加并不会减少他人对该物品的使用,这类物品被称为公共物品。从经济角度来理解就是,增加对该物品的使用不会使它的总供给成本增加,即公共物品边际供给成本为零。很多资源和环境的功能至少在某种程度上具备公共物品的特性。公共物品是外部性

---

①　Kasper W, Streit M. *Institutional economics：social order and public policy*. Edward Elgar Publishing Ltd. ,1998.

的一种特殊形式,具有非排他性和非竞争性的特性①。根据公
共经济学理论,仅仅依靠市场力量不能在公共物品和私人物品
之间使资源配置达到最优,非排他性会直接导致配置资源的价
格机制失去效用。受影响的公共物品包括国防、法律、教育和健
康,当然也包括资源和环境,所以污染可以被看作是一种"公害"。

公共物品的边际供给成本为零,即非竞争性,提供者不仅自
身获益,而且也有益于他人。以我国的节能政策为例,"十一五"
期间,要求各地能源消耗年均降低 4%~5%,这意味着每年所
能使用的能源仅为上一年的 95%左右。假设 2009 年某地有
A,B 两企业生产同样的产品,能源消耗各 50 单位。2010 年若
A 在自身生产能力不变的前提下自愿减少自身能源能耗的
10%,即能耗总量变为 45 单位,这样 A 企业的产量也减少
10%。而 B 仍然按照原来的生产方式进行生产,这样该地 2010
年的能耗降低为 95 单位,完成节约能源的指标。指标的完成是
因为 A 企业承担了供给成本,由于产品质量是一样的,所以 A
企业的销售额会低于 B 企业,降低了 A 企业的利润。这样会使
A 企业降低再次自愿节能的意愿,甚至完全丧失这种意愿。在
这种情况下,每个主体经过博弈思考后都会做出倾向于"搭便
车"的决策,等着其他企业自愿节能,而自己却加足马力进行生
产以获取更多的利润,最终的结果是政府不得不出面进行"拉闸
限电"。这正是由于"节约能源"是公共物品,节能政策是公共政
策,并不是单独针对某一个企业的,因此是否符合节能政策由当
地全体企业共同决定,政策所产生的成本由全体企业共同承担,
却无法规定具体由哪一家或哪几家企业来承担。从而导致公共
物品的边际供给成本为零,不具备竞争性。只要有企业能够提

① Baumol W J. On the proper cost tests for natural monopoly in a multipro-
duct industry. *American Economic Review*, 1977(12).

供该公共物品,使当地能源消耗降低并符合节能政策,那么其他的企业就可以坐享其成。与此同时,公共物品又很难具有排他性或排他性的成本很高,进一步加重了搭便车的现象。非排他性是过度使用水、空气以及其他生态服务功能这样的共同产权,即"公共物品悲剧"产生的根本原因[①]。由于体制原因,我国市场不可能提供公共物品,政府才是公共物品的提供者,而如何提供和管理公共物品则成为我国政府要考虑的重要问题。另外也存在一些准公共物品,即仅有非排他性和非竞争性两个特征其中的一个。比如公园和道路,一个使用者的使用会降低另一个使用者的效用,只具备非排他性却不具备非竞争性;而电子图书馆则是另一类公共物品,它能够被很多会员所使用,并不影响其他会员的使用,却排除非会员的使用权力,因而它只具备非竞争性而不具备非排他性,通常被称为俱乐部产品。

自然资源和环境及其所提供的生态服务功能,不仅是人类社会效用函数的一部分,也是生产函数中的投入部分,是转型系统的生产要素。在某些方面,自然资源和环境是公共物品或俱乐部产品,是可以直接消费或投入生产的。但是由于技术上的原因,对其进行产权界定存在一定的困难,所以一般也只能采取政府管理的方式。遗憾的是,资源和环境是共有的,但生产的产品却是私有的,这样使公共物品在使用时存在竞争性[②]。这使得市场机制能够通过对私有产品的配置而影响公共物品的配置,但市场的竞争机制在配置公共物品是无效率的,也就意味着政府的干预是必需的。政府可以直接提供这类物品,也可以鼓励其他主体提供并从中收取税收,还可以通过配额管理以防止

---

① Hardin G. *The tragedy of the commons*. Science,1968(168).

② Ostrom E. Coping with tragedies of the commons. *Annual Review of Political Science*,1999(2).

被滥用。

4.1.3　信息的不对称

在传统经济学中,信息往往被学者们忽略。然而信息对于经济交易来说是十分重要的,并且也是造成市场失灵的主要原因之一。在某些时候信息是公共物品,但在大多数情况下,信息都是不均衡或不对称地分布的。经济学里一句经典名言是"天下没有免费的午餐",但经济学者又常常运用完全竞争市场模型来研究经济活动,而在完全竞争市场里的信息却是任何一个人都可以免费获取的。实际上信息的获取都需要付出巨大的成本,因此一般情况下很难免费。经济学家已经开始意识到信息的重要性和稀缺性了,这也是博弈论和信息经济学能够得到长足发展的原因之一,因为信息会直接影响到资源配置效率和社会福利。信息的不对称又被称为"委托—代理问题",即代理人之间占有不同的信息。由于市场风险的存在,信息的不对称是经济中存在各种非最优现象的根本原因。这也与资源和环境问题直接或间接相关,因为信息的不对称造成了资源或环境在要素或保险市场上的扭曲,而这种扭曲又可能与资源和环境外部性产生互动,加上生态服务的随机性和人类对风险的厌恶,极有可能造成很多与资源和环境有关的严重的市场失灵[1]。

可见,要形成一个有效的资源和环境利用的经济体系,必须对资源和环境进行完全的产权界定,消除外部性、公共物品和信息的不对称,然而实际上这些条件很难满足。虽然从理论上讲规制者也可能被俘获,从而使政府和企业进行合谋损害消费者利益,但从我国的"十二五"规划和中央政府对建设"两型社会"的决心,以及我国所处的实际国情来看,政府在资源和环境方面

---

[1]　Sterner T. *Policy instruments for environmental and natural resource management*. Resource for the Future,2002.

与企业进行妥协的可能性已经很小,而政府作为资源和环境的提供者对其保护力度将不断加强。这也是本书研究的特定背景,即不考虑规制俘获,使得政府规制对转型系统的发展只有正效应。

4.2 生态规制的内涵

4.2.1 生态规制的定义

单纯从字面上的翻译来看,生态规制可以追溯到欧盟关于有机食品的系列规制,但本书所提及的生态规制与欧盟的生态规制并不相同。欧盟规制委员会在 1991 年制定的生态规制主要是针对有机食物中生态产品的定义(规制编号 2092/91),之后在 1999 年又将规制的范围扩大到整个农产品,包括牛、羊和马等(规制编号 1804/1999);其规制的指导思想实际上还是环境规制,诸如种植品所使用的化肥和牲畜所使用的饲料要求是尽可能天然而无污染的等①。这样的定义导致之后很多学者简单地将生态规制与环境规制混为一谈,与本书所指生态规制有很大不同,实际上二者虽然有一定的联系,却也存在很大的本质区别。《环境经济学辞典》对环境规制的解释是:环境规制是环境管理的主要工具之一,主要包括赔偿环境破坏的责任界定和约束可能破坏环境的活动,如工厂的选址和废弃物的排放等。使用各种方式替代命令与控制的政策规制的趋势正在增长,如市场机制和其他经济工具一类的替代方法,这为降低执行排放

---

① Bengtsston J, Ahnstrom J, Weibull A. The effects of organic agriculture on biodiversity and abundance: a meta-analysis. *Journal of Applied Ecology*, 2005(2).

标准以及其他环境规制的成本和难度提供了机会①。可见环境规制是一种增进交易机会的规制方式,其最重要的目标在于使本来产权不明晰的环境创造出可以交换的产权,如排污许可等。如果污染者和被污染者之间的产权缺乏清晰的界定,双方的交易选择就可能受到限制②。所以环境规制隐含着一个重要的思路:由于环境污染的外部性,政府必须制定相应的措施使环境污染具备产权,从而环境污染的外部性内部化,使环境污染始终处于环境容量的可控范围之内。这一类规制能够明确地规制企业"不能做什么",却没有为企业指明在"不能做什么"的基础上"可以做什么"。这样,环境规制不可避免地会成为一种"末端治理"的规制,使企业应对规制时更容易选择规制俘获或规制规避等相关措施,破坏规制的有效性,难以达到环境规制的初衷。

　　具体来说,生态规制与环境规制存在以下几点本质区别。首先是二者的主体不同,生态规制的主体更加灵活,环境规制的主体主要是中央或省级政府,而生态规制的主体则不仅包括中央(含省级)政府,有时还包括市或区级的地方政府。其次是作用对象不同,环境规制的主要作用对象是企业,生态规制的作用对象不仅包括企业,还包括消费者。中央和省级政府主要负责制定有效的宏观产业政策和对消费者适时的引导政策,地方政府则着重从区域生态环境方面进行考虑,在宏观产业政策的基础上深化区域产业布局和区域产业规划,从而实现可持续发展和提升产业竞争力,各级政府需要紧密配合才能完成生态规制。最后,二者的目标也不同,环境规制是力图实现强可持续发展,即自然资本总体不变或增加,其指导思想更倾向于末端治理,而

---

① 阿尼尔·马康德雅,等:《环境经济学辞典》,朱启贵译,上海财经大学出版社,2006 年。

② 史普博:《管制与市场》,余晖等译,上海三联书店,上海人民出版社,1999 年。

生态规制是力图实现弱可持续发展和提升产业竞争力,即包括自然资本和人造资本在内的总资本总体不变或增加,其指导思想强调经济发展与环境与资源的协同。因此有必要对本书的生态规制进行严格的定义以区别于环境规制。

本书认为,生态规制是指政府为实现本国(地区)经济和生态的双赢,针对企业和市场制定的行之有效的政策集合。根据该定义,生态规制至少包含以下含义:生态规制是由各级政府制定的政策集合,主要是针对企业和市场,目标是实现经济和生态的双赢;这个政策集合是行之有效的,这样便可进一步分析生态规制的特点。

4.2.2　生态规制的特性

与以往的环境规制有本质不同,生态规制一般具有以下三个特性:政府协同性、灵活互动性以及激励主导性。

以往资源和环境规制多由中央政府直接制定,而具体规制内容在地方一级趋同。与之相反,生态规制的执行主体主要是地方政府,所以生态规制在地方一级具备多样性。中央政府在仔细审视地方政府对生态规制的建议之后,仅从宏观政策层面制定指导性政策,由地方政府依据指导性政策再制定符合地方转型系统发展的生态规制。由于体制原因,我国地方官员在制定经济发展政策时多关注短期利益而忽视社会的长期利益和福利,以使地方官员能够在自己的"政治生命周期"中面对以 GDP 为核心的政绩衡量标准,从而获得晋升的机会。这种体制为地方政府不惜以牺牲资源和环境为代价而获得短期经济效益提供了激励,进而导致即使中央政府的资源和环境规制制定完成,在地方政府也容易形成"阳奉阴违"的尴尬局面。生态规制强调中央政府与地方政府的互动和协同,允许并鼓励经济发展程度不同的地区提出松紧程度不同的生态规制,在经济较为发达的省份执行较为严厉的生态规制,经济较为落后的省份执行较为宽松的生态规制,从而能够使经济较为发达的地区实现产业结构升级,同时使高污染和高能耗的产业向经济落后且资源和环境容量较大的地区转移;中央政府再从宏观层面定义何为严厉的生态规制以及何为宽松的生态规制,政府层级之间权责分明,这样便形成地方政府与中央政府良好的灵活互动,产生协同效应,也使地方政府在提生态规制建议的时候更多地具备自觉性、灵活性,保持地方特性和维持全国的多样性①。

　　生态规制的灵活互动性则主要是针对规制对象而言的。生态规制的对象不仅有企业,还有市场(消费者),这增加了生态规制的复杂性。因此,生态规制的灵活互动主要体现在政府与企业的互动以及政府与消费者的互动。企业是转型系统的基本单元,转型系统的发展离不开生态创新,所以政府与企业的灵活互动并不是指生态规制向企业妥协,正如前文所说,我国经济发展的现状使政府在生态规制方面已无妥协的余地。政府与企业的互动主要体现在地方政府与地方领导型企业和新生型企业的互动,即地方政府充分进行实地调研,评判企业能力,仔细听取这两大类型企业的要求,制定部分领导型企业或新生型企业能够符合的生态规制标准,进而淘汰不能达到标准的企业。值得一提的是,这里强调领导型和新生型企业是因为很多创新实际上也是由中小企业实现的;但在现实生活中由于文化传统和体制因素的影响,这些中小企业的重要性并没有得到充分的认识,使很多中小企业即使创新成功也很难逃脱"被破产"的命运,在淘汰过程中地方政府又因 GDP 因素而缺乏淘汰那些高能耗和高污染的领导型企业的魄力。此外对企业的规制要适度,要想规制能够被执行,必须有企业能够达到生态规制的标准,因为没有

　　① Heijdra B,Kooiman P. Environmental quality, the macroeconomy, and intergenerational distribution. *Resource and Energy Economics*,2006(28).

任何一家企业能够达到的标准即使制定了也是没有意义的。针对消费者的互动则主要体现在教育和宣传以及经济手段激励，而消费者则会在有限理性的前提下做出合理的抉择来回应政府的生态规制，这在第 6 章会详细论述。需要注意的是，针对消费者的生态规制不能产生"挤出效应"，即经济手段不能使具备绿色意识的消费者转变为纯经济意识的消费者，沦丧了环境道德。以我国为例，我国从 2008 年 6 月 1 日起开始执行塑料袋有偿使用规定，但是从塑料袋生产厂商的销售额可知我国塑料袋的使用量并没有减少。产生这种情况的原因，本书认为有两点：一是消费者总体生态观念较弱；二是塑料袋消费成本不高，生态观念较强的消费者会因为担心被其他消费者认为是为节约并不高的消费成本而丧失环境保护的动机。

从本质上说，生态规制应是给企业和消费者指明一条可以发展的道路，而回顾我国的产业规制和环境规制，基本上是"大棒"政策，即使有"胡萝卜"，企业也难以获得。作者曾与一些制造和贸易型企业的主管人员进行访谈，他们不止一次地抱怨说当前政策只是规定了企业不能做什么，却没有告诉企业他们能做什么，多有惩罚措施而少有奖励措施，这让他们很迷茫。生态规制的最终目的是实现生态创新，因此政府在制定生态规制的时候必须考虑如何使得企业成功实现生态创新以满足生态规制的条件，也要求政府在制定生态规制时便告知企业应当如何发展并且以激励政策为主，从而增加了企业获取利润的可能性并增强了生态规制的可执行性。

4.2.3 生态规制的类型

生态规制也是规制的一种，所以生态规制手段与一般规制的内容有所联系和区别。规制经济学一般将规制分为经济性规制、社会性规制和反垄断规制三大领域①。经济性规制的研究主要针对存在自然垄断和信息不对称的某个具体产业。社会性规制的研究领域则主要是健康和环境保护等公共利益,它会为实现一定的社会目标而制定多产业的规制。反垄断规制则主要是防止非自然垄断产业出现垄断,保护企业的公平竞争,维护市场竞争机制。日本经济学家植草益将公共规制主要分为三类政策:公共供给政策,即政府以取得财政收入为目的,向社会提供公共物品和公共服务的政策性行为;公共引导政策,主要是解决以不完全竞争和风险为代表的市场失灵,运用货币和非货币手段引导经济主体活动的政策行为;公共规制政策,主要通过法律限制经济主体的行为以解决不完全竞争、信息不对称、外部不经济和非自然垄断等市场失灵②。

　　环境规制是生态规制的前身,了解环境规制的主要内容也有助于生态规制的设计。现行主流的环境规制主要包括产业准入规制、价格规制、数量和质量规制等。准入规制是政府对微观经济主体进入某些产业所进行的规制,旨在将微观经济主体纳入依法经营和接受政府管理的范围,或控制其进入某些特殊的产业。所以,政府对一般竞争性产业的企业实行注册登记制度而对特殊产业实行申请审批或特许经营制度。价格规制则主要是由政府确定产品或服务的价格,如我国的石油和天然气相关产品的价格由中央政府进行规制。数量和质量规制主要是政府对企业生产和供应的产品数量或质量加以限制,其目的主要是为了保证商品质量,提高资源配置效率,维护社会总体福利,如我国对稀土供应实行配额限制。此外还包括当代绿色会计规制、社会福利保障规制等相关规制。

---

① 王俊豪:《管制经济学在中国的发展前景》,《光明日报》,2007 年 7 月 31 日。
② 植草益:《微观规制经济学》,朱绍文译,中国发展出版社,1992 年。

本书借鉴美国经济学家史普博的观点①,将生态规制分为三种类型:首先是直接对市场配置机制进行干预的规制,如价格规制、产权规制和合同规制。在特定市场里,价格机制可能完全或部分由商品的行政性配置来取代;其次是通过影响消费者偏好和决策来影响市场配置机制的规制,消费者的偏好和决策受税收、补贴以及其他转移性支付的影响,对这些影响因素进行调整能够改变消费者的消费决策,如取消小排量汽车的购置税;最后是通过对企业决策进行指导从而影响市场配置机制的规制,此类约束有很多,诸如施加产品特征(如节能标识),对企业的投入、产出或生产技术进行限制从而改变企业的产品组合(如新能源的使用、排污配额以及治理污染所需要技术的推广政策)等。规制有很多不同的分类,借鉴这些分类能够对生态规制形成一个完整的视角,加深对生态规制的理解和认识,使得生态规制的内容能够更加完善并具有针对性。

4.3 生态规制的内容

无论是企业还是消费者,一般情况下都是具备理性的。如果企业和消费者发现保护环境或节约资源是有利可图的,那就不需要环境规制了,因为他们都会做出"自利"的选择。但是只有在生态创新可以盈利的情况下,企业和消费者才愿意实现生态方向的转变。所以生态规制的标准应当是能够使企业或消费者在进行转变的时候获益(这里的获益不仅是指资本上的获利,也包括精神上的满足),即能够使生态创新的实施者获益才是最重要的。因此生态规制需要注意以下几点:首先,要为生态创新

① 史普博:《管制与市场》,余晖等译,上海三联书店,上海人民出版社,1999年。

创造最大的获益空间,给企业和消费者如何实现生态创新指明方向而不仅仅是制定排放标准。其次,生态规制应当能够孕育一种持续创新的机制而不是锁定在某个特定的技术上。最后,在规制执行的每一个阶段都尽量降低政策的模糊性。由此可见,我国的环境规制或产业规制很大程度上损害了企业或消费者转型的积极性,甚至使这种转型成为不可能实现的事。据此我国生态规制的指导思想是:制定部分企业或消费者能够实现的目标;鼓励企业通过竞争和合作,消费者偏好转型以实现目标;对企业和消费者进行协调管理。

4.3.1　生态规制的对象

生态规制应当重视转型系统运行的结果,而并不是所采用的技术。我国之前的环境规制过于重视能够处理污染或节约能源的技术,而没有着重形成一种有效的创新机制。回顾我国的环境规制和产业规制,经常能够见到"采用某项技术"之类的语言。而运用规制确定某项技术的合法有效性会使得其他新技术的应用几乎成为不可能的事。

生态规制应当鼓励产品和工艺创新以更好地利用资源以及更早地防范污染,而不是采取代价更高的"末端治理"或"二次治理"这类环境治理模式。要实现生态规制有一个重要的问题需要解决:政府应当在生产供应链的哪个环节进行规制,是原材料、生产设备、生产过程、产品,还是消费者?因此,在生产供应链的每一个阶段,政府都需要考虑技术的实际能力和资源的可获得性,因为每一个阶段都可能出现创新。对应"末端治理"的思路,本书认为生态规制的实施阶段"从两头抓起"可能更有效,即从生产过程的上游阶段和消费者的消费阶段进行规制的效果可能更明显。由于创新思维具有发散性的特点,这意味着在生产过程中,越是生产过程的上游,生态创新的可选择空间就越大,而对消费者规制则会使企业因为市场的转型而产生竞争压力,迫使企业对产品和工艺进行创新。

我国政府可以超越以往针对单一公共媒介(如空气、水或者土地等)的传统规制思路,而对这些排放进行综合考虑,找出这些总体排放的根本原因再进行规制。这就需要对已形成的产业系统进行重新规划,更好地了解产业系统的产品、技术以及总体的资源和环境问题,从根本上解决资源和环境问题,而不再是实行单一的媒介治理政策。

4.3.2 生态规制的方法

既然生态规制的目标是促使生态创新的实现,那么在实际运行中,生态规制应尽可能地为生态创新创造机会并加速其推广。需要注意的是,对污染排放或资源的使用进行分级然后授权排放或生产,实际上也是不能促进持续创新的。一旦企业采用某类技术达到授权标准,那么之后企业便不会继续进行创新,因为即便再降低污染排放水平或提高资源使用效率,企业都不能从政策中获益。相反,有效地利用市场激励能够促使企业迅速地研发或采用已经存在的生态技术,从而实现生态规制的目标,这些措施包括污染税、治污退税机制以及交易许可等。

当然,生态规制的制定需要与产业界和消费者协会等中介进行全面合作,在制定标准之前需要与企业进行充分沟通,也要得到消费者的理解和支持。规制标准的制定需要三方共同协商决定,做到既能够让企业和消费者都接受,又符合可持续发展的精神。这样能够成功避免出现"规制俘获"的情况,并且花费较少成本的同时也留给企业创新行为更多的利润空间。政府也有责任和义务搜集国内外生态创新成功的案例并及时传达给本国企业。有限的知识往往是企业难以完成创新的主要原因。在这方面美国环保署有一个成功的案例:1990年通过的《污染防治法案》中就包括搜集和传播相关信息的规定。对不同的企业排放进行统计分析以衡量企业内部污染成本,并在不同企业间交换治理污染的技术和经验,这对生态创新的实现和扩散有很大的帮助。有效的生态规制也离不开一个高效的管理组织,多部门的协作和加强高校、科研机构与企业之间的联系是十分重要的。以美国有关发展高效率电冰箱技术的政策为例:由美国政府出面,美国环境保护署等多部门(包括学术界、产业界和消费者组织在内)协调组织共同制定并执行,其 17 亿美元的预算中仅有 7 千万美元是直接用来研发防治污染技术的,其余全部用于企业经营和管理组织效率的提升。在这方面我国的相关规制政策则较为落后,缺乏沟通和联系的相应机制,忽视了企业的心声,抑制了生态创新,规制俘获倾向严重。这方面的案例较多,有兴趣的读者可查阅我国相关产业如钢铁行业等基础制造业的行业规制。

对消费者的生态规制同样很重要,因为需求能够对企业施加很大的创新压力。对于消费者的生态规制主要以引导和保护为主,比如设立生态标志。著名的案例有德国 1977 年实施的"蓝天使"生态标志计划:只有符合十分严格的环境标准的产品才能够被赋予"蓝天使"生态标志。这个标志在石油和天然气产业取得巨大成功,自从标志被引入之后,能源的使用效率得到显著提升,2006 年德国的二氧化硫、一氧化碳和二氧化氮的排放较 1977 年降低了 35%。而作为市场购买者的另一个重要部分——政府也能够成为资源节约型和环境友好型产品的忠实购买者,如购买循环利用的纸、修好的轮胎以及一些价格较为昂贵的资源和环境设备以及服务等。这一方面加速了成熟技术的扩散,另一方面也使投标企业尽可能采用已被证明符合标准的技术而抑制了生态创新,所以在进行政府采购时需要慎重考虑。此外在信息不对称的情况下,为避免消费者的权益受到企业的损害,从而使消费者采取投诉或暴力维权手段,需要为消费者提供足够的保护措施,因为从经济角度出发,无论是消费者投诉还是暴力维权都是社会资源的损失。而对消费者的这些保护措施也能降低或阻止污染物的排放或资源的浪费。

4.3.3 生态规制的协调与接轨

前文已经提及，从中央到地方政府，生态规制的内容应当是协调有序的，只有这样才能使企业不用应付一些种类繁多又不具备整体性的规制要求，使企业能够顺利地服从规制。这方面美国政府做得较为成功。作为环境规制体系的重要角色，美国环境保护署在20世纪末就成立了技术创新委员会，其职责主要是向企业宣传环境规制所涉及的各个方面所采用的新技术及其发展。环保署的另一个部门则主要负责对环境规制中的内容进行再设计以降低规制在执行过程中的不确定性和成本。政府层级之间的协调则是非常困难的一件事情，在之前的"生态规制的特性"一节中已经进行了较为详细的阐述，这里不再重述。

除国内政府层级之间应当协调以外，我国制定生态规制也应与世界接轨。当前我国生态规制在经济发达省份可以尝试与世界发达国家同步，而落后地区则应放缓。但从长远趋势来看，我国生态规制的执行标准应当与世界发达国家同步，甚至最好较发达国家严格一点，这样我国企业在服从生态规制后能够比尚不具备服从我国生态规制能力的国外企业更有竞争力，同时也提升了产品的出口潜力。更加严格的标准也能够使我国企业比国外企业具备更多的优势，从而在国际市场上占领先机。当然标准也不能制定得太过严格，这样会使企业一旦创新成功，就会建立过高的技术壁垒，形成无竞争者的局面，最终因运行效率低下而被淘汰。虽然政府并不一定比企业更了解哪种生态规制更好或消费者更加偏好哪种环境消费品的组合，但是政府比企业拥有更多有关他国生态规制路径的资源和信息，而仔细研究和学习发达国家的生态规制则可促使我国企业分批分地区开始进行生态转型。

4.4　生态规制的作用机制

4.4.1　生态规制推动生态创新

生态规制应当作为生态创新的激励者出现,因为企业并不能总是做出符合可持续发展的决策。只有当市场信息完备并且已经出现了有利可图的生态创新,并且企业只需要在这些创新中进行选择时,企业才可能做出符合可持续发展的决策,很明显这种市场在现实中并不存在。现实经济中,企业之间的动态竞争往往是在信息高度不对称、组织惰性和对小团体及团队控制混乱的背景下进行的,所以企业实际上可以有很多种方法对自身进行改进但却一般缺乏对这些方法的观察。以美国环保署的"准许"(Green Lights)计划为例,企业自愿参与该计划,将企业消费电能的每种方式都提交给环保署,作为回报,美国环保署则针对企业的消费方式提供有关照明、加热和制冷的各项建议而实际上大约 80％自愿参加的企业没有坚持到两年以上[①]。这是因为企业并没有因为提供信息而获得利益。这样的现实情况在我国也大量存在,企业按照政府的要求提供了相关信息,政府却并没有为企业提供相应的获利机会。

当前我国正处于产业生态转型的关键时期,但我国企业面对该状态可能还缺乏一定的经验。企业并没有将资源和环境纳入竞争和合作的必要考虑因素,而这方面知识的缺乏进一步增大了生态创新获益的不确定性。此外,消费者对这些问题也缺乏足够的认识。所以,企业在面临这类问题时首先考虑的是能

---

① Gerald P. Reducing wastes can be cost-effective. *Chemical Engineering*, 1990(7)。

否保持或提高其竞争力，而没有动力主动在生产方面进行资源和环境方面的创新。因而规制如果以生态创新为方向并且得到正确的制定和实施，那么肯定能够促使企业进行生态创新。生态规制的推动力至少可以沿以下六条路径逐步展开：

第一，通过向企业暗示其资源使用的效率较低并指明可能的技术改进方向。企业不明确其利用资源效率的低下及其排放的后果，生态规制能够让企业相信存在新的方法在提高资源的使用效率的同时能够降低污染排放或减少有害物质，从而使企业开始关注生态创新这一方面的内容。

第二，生态规制通过收集生态创新并获利有关的信息，使企业开始进行生态创新方面的尝试。美国在这方面有很多案例，有兴趣的读者可以查阅自 1986 年就开始执行的有毒污染物排放目录；这个目录每年出版一次，已经使企业从中获益良多。

第三，生态规制可以降低生态创新获利的不确定性，这使企业能够安心地投入生产要素进行生态创新。

第四，生态规制同时也能给企业一定的压力，促使其进行生态创新和改进。生存压力的存在是企业解决组织惰性和孕育创新思维的法宝，一般传统的经济学理论认为生存压力主要来自竞争者，而本书则认为合理的生态规制同样能够给企业一定的生存压力。

第五，生态规制规避了没有生态创新能力的企业，使已存在的企业注重进行生态创新以维持进入壁垒，防止潜在竞争者的进入。这样生态规制为新出现的生态创新提供一种缓冲机制，使其能够迅速得到扩散。

第六，生态规制为生态创新的花费提供补助，使企业节约生态创新的成本，从而进一步激发了企业进行生态创新的激情。

本书认为，严格的生态规制能够比宽松的生态规制孕育出数量更多和质量更高的生态创新。相对宽松的生态规制一般采用末端治理模式,严格的生态规制则使企业更重视利用资源和环境方面的问题,而企业要符合生态规制就必须进行更深层次的改革,比如对产品或工艺的重新审视。虽然这样的改革成本会很高,但更可能实现生态创新的获利,因为从本质上来看,创新就是对旧有的事物进行破坏,为新生的事物提供成长机会。

4.4.2　生态规制引导生态消费

生态消费的动机有外在的和内在的两种(详见第 5 章),经济学家非常看重外在动机,而环境方面的学者则比较看重内在动机。虽然这两个观点在诞生之初便开始进行争论,但在拥挤理论(将在第 5 章详细阐述)出现后,两种观点逐步出现融合的趋势,因为没有内部动机,一些政策的激励措施往往不能得到实现,而仅仅依靠内部动机又很难实现持久的生态消费,因此生态规制需要同时对这两种动机进行有效的引导,才能够实现消费的生态转型。所以,生态规制比内外部动机的支持者提出的规制意见要复杂得多。另外,由于挤出效应的存在,针对消费的生态规制在制定时需要特别谨慎;同时需要注意的是,不仅外部的市场激励措施会导致挤出效应,错误的行政手段会产生比市场激励更严重的挤出效应。

虽然针对生态消费的规制手段很多而且已经得到了比较熟练的运用,但依然很难将这些规制协调地运用起来引导消费的生态转型。这些规制不一定需要通过某种系统的设计而将消费的生态转型一次性完成(这样的规制也会最终被证明是错误的),但生态规制必须将每一种规制手段的强项都利用好,同时也将这些手段的负面效应降到最低。当采用一项能够产生挤出效应的规制手段时,需要同时使用能够产生挤入效应的规制手段,尽管这很难实现,但生态规制的设计思想必须包含这个目标。

从实践来看,这套互补的规制手段是比较简单的。遗憾的是大多数经济学者认为对外部性的激励是主要的规制手段,所以当其被证明是无效时就采用更严格的外部性激励。比如,企业污染非常高,那么就应将污染税提到更高,这样的规制政策往往不能够实现当初的目标,尤其是当企业处于垄断或部分垄断地位时,提高污染税可能使企业将这个税收转嫁到产品价格上而对企业无效,从而导致经济资源的浪费。本书希望生态规制能够产生挤入效应,即生态规制能够通过经济手段唤醒消费者内在与资源和环境有关的公共道德(虽然这似乎不可能,在第 5 章里将进行详细的阐述)。针对生态消费的规制手段应当严格遵循公共道德,使企业的生产与消费者的消费进行完全的接轨而不是相互隔离。这样的手段有很多,比如向消费者解释生态规制的目的并邀请消费者参与生态规制的相关项目,如让消费者参与制定生态规制,进一步完善生态规制的手段和内容,尽可能降低生态规制完全由政府制定的可能性。

因此,生态规制引导生态消费实际上有中长期和短期两种手段。中长期手段的主要方式还是通过教育,这类教育能够从根本上让消费者知道资源和环境的重要性,而教育本身必须具备有实践的案例,尽可能地让消费者参与到教育中来,亲身体会到节约资源保护环境的益处,而不仅是在课本或电视上知道这些道理。短期的手段则主要是经济激励手段。要综合运用这些手段而不是单独运用某一个手段,在避免产生挤出效应的前提下改变消费者偏好,最终实现真正意义上的生态消费。

4.4.3 生态规制效果的信息反馈与评价

生态规制能否实现最终还取决于企业和消费者如何对待资源和环境问题。企业应当逐步认清资源和环境方面的约束是一种创造财富的机会,而不是毫无意义的成本浪费。消费者也应当清楚认识到资源和环境问题对人类的生存已经不是可以延缓的威胁,而很可能很快就成为现实。从现实来看,我国的企业和消费者都还没有准备好进行这样的转型。

　　针对企业的生态规制一旦开始执行,企业必须要改进生产工艺和产品,并在此基础上衡量生态创新的成本和收益。而这方面公开的信息很少,典型的案例是一家美国有机化工厂雇佣一个咨询公司去挖掘减少污染的机会。化工厂的企业主认为40 个污染流,而细心的咨询公司却发现实际上存在 497 种不同的污染流①。少部分企业开始分析污染行为的真实成本,包括有毒物品的排放、资源浪费以及污染的深层次影响,而这些企业中只有更少的企业会真正创造商机,其他的企业则仅仅是把这类分析看作是有去无回的沉没成本。但是当污染行为所产生成本被明确地计算出来并得到企业的理解后,下一步便是企业开始竞争与合作,企业会按照生态规制的内容进行相关的发明和改进以创造出生态规制所赋予的利润(如补偿、免税和奖励等),这样会进一步加剧企业在这方面的竞争,所谓的污染物会被重新进行分析,资源的利用效率也会随之提升。针对消费者的生态规制则会从各个方面缓慢地影响消费者的消费偏好,最终改变市场结构以适应企业在这方面的竞争。但这些都需要时间,所以生态规制需要给企业和消费者一定程度的耐心和时间,不以短期的执行结果来评判生态规制是否有效,而是以规制长期执行后是否真正地孕育了生态创新为评判依据。在此认识之上,建立有效的信息反馈路径是针对生态消费和生态创新而调整生态规制的必需品,这些信息反馈路径的构建者和执行者也应当是生态规制的主体——政府,而企业和消费者难以有这样的实力和激励机制去促使他们构建或执行信息反馈。

　　生态规制的信息反馈路径分为针对生态创新和生态消费两

---

　　① Stephen J. Why do profitable energy-saving investment project languish? In: *The 2nd research conference of green of industry network*. MIT Press,1993.

类不同的路径。生态创新的信息反馈路径主要是针对产业的有关生态创新是否有效果及效率的高低,进而分析生态创新的投入与产出之间的效率,这些投入主要是人力资源和资本的投入,而产出则主要是资源消耗的降低以及产业盈利能力的提升。如果投入发生之后经过一段时间,资源消耗降低了并且产业盈利能力得以提升,则说明投入是有效的。如果资源消耗的降低程度较大或产业盈利能力提升较大(二者具备其一,另一指标只要不降低),则说明投入是具备效率的。生态消费的反馈路径则主要是观察生态消费响应生态规制是积极响应还是消极响应,如果是积极响应,则政策所对应的消费品会降低,反之则会增加。

4.5 本章小结

本章主要描述动力系统中原动力的内容,具有承上启下的作用。本章从生态规制之所以成为动力系统的原动力的原因入手,分析了自然资源由于外部性、公共物品和信息不对称等特性使得市场在配置自然资源时失灵,无法达到自然资源使用效率的最优。而后详细对比了环境规制与生态规制之间的区别,认为生态规制是政府为实现本国(地区)经济和生态的双赢,针对企业和市场制定的行之有效的政策集合。这样使生态规制的含义更为清晰,进而可以总结生态规制相对于传统环境规制的特性,包括政府协同性、灵活互动性以及激励主导性,依据其特性进一步将生态规制分为三类:直接对市场配置机制进行干预的规制;通过影响消费者偏好和决策来影响市场配置机制的规制;通过对企业决策进行指导从而影响市场配置机制的规制。这样就为深入研究生态规制的内容及其作用机制夯实了根基。

生态规制的内容包括生态规制的对象、方法、协调与接轨和生态规制效果的评价四个方面。生态规制的对象主要是产业链的上游产业和消费者,因为只有这样才能形成一种生态创新的环境;生态规制一方面是针对产业的,另一方面是针对消费者的。针对产业的生态规制要有效地利用市场激励能够促使产业迅速地研发或采用已经存在的生态技术从而实现生态规制的目标,而针对消费者的则主要以用生态标志等方法来引导消费者消费并且在信息不对称情况下保护消费者的合法权益不受损害;作为后发国家,我国在生态规制方面与发达国家差距较大,因此可以在制定生态规制时,借鉴发达国家的经验和总结发达国家的教训,取其精华弃其糟粕,节约我国科学制定生态规制的时间和空间。

生态规制的作用机制则有两个,一是对产业的作用机制,二是对消费者的作用机制。生态规制为生态创新提供了获利的机会,激励产业进行生态化改革,进而详细地指出六条路径使得生态规制能够推动生态创新,并指出严格的生态规制能够比宽松的生态规制孕育出数量更多和质量更高的生态创新;而生态规制对消费者的作用有短期和长期之分,短期的规制重点是经济层面,长期的规制则更为偏向道德层面。生态规制对消费者的具体引导以及消费者与生态规制的互动会在下一章详细阐述,所以本章仅阐述了生态规制能够引导消费者改变其消费偏好,并认为从经济和道德层面去影响消费者能够达到两手段单一作用所不能达到的效果。最后对生态规制执行的结果进行评价时,应具备一定的耐心,以长期执行规制后是否真正孕育了生态创新为评价依据。

第 5 章　生态消费动力子系统

　　生态消费是生态规制的响应动力,消费者也可能因为自身所处环境的不断恶化而具备某种生态意识,但这种情况在我国并不多见。生态消费也是生态创新的拉动力,即因为消费者偏好发生转变,使得企业的生态创新意愿增强,以实现市场创新。然而消费者与企业不同,其并非完全以利润来衡量消费行为的合理性,所以需要进一步分析生态规制对消费者的影响效应以及生态消费对生态创新的拉动作用,本章便是按照此思想,从生态消费的内涵开始逐步扩展开来。

5.1　生态消费的内涵

　　生态消费是与传统消费观有本质区别的,其生成原因除了市场失灵外,还包括传统消费观的不可持续性。传统的消费观保留了人类的消费偏好却不愿意承担人类应承担的责任,将消费主体游离于自然环境之外。实际上人类确实是自然中的一分子,人类的偏好、认知、科技以及文化都与自然环境有着全面的互动,人类作为自然界中的一个特殊物种更应当承担起相应的责任。基于传统消费观,人类社会仅将自身劳动的创造物视为有价值的,而将自然环境视为无价值或者低价值的,在进行经济活动时更注重物质资料的再生产而对自然和社会的再生产关注较少。这样的消费观使人类消费偏好存在严峻的不可持续性,是实现生态消费的必要条件之一。

5.1.1　生态消费的定义

在 1997 年,美国生物学家 Myers 对生态消费进行定义,他指出:消费是人类对物质和能量的一种变换,若该变换减少了后代的能源和资源机会或者威胁到人类的健康、福利以及其他被人类认为是有价值的东西,则这种变换是不可持续的消费①。这是较早从生态角度出发给出的消费的定义,从中能够看得出"天人合一"的生态系统观点,并且这一定义将物质、能量和人类结合起来。当前国际国内社会对生态消费的定义尚处于争议之中,很多学者专家假定生态作为消费的限定因素来考虑,对生态消费进行定义,而且很多有关生态消费定义的核心思想实际上还是可持续消费。而可持续消费的经典定义由联合国环境规划署在 1994 年的《可持续消费的政策因素》中首次提出:提供服务和相关产品以满足人类基本需求并提高生活质量,同时最小使用自然资源和有毒物质,使服务或产品的生命周期中生成的废物和污染物最少,从而不危及后代的需求②。

实际上这两个定义并无本质上的区别。在转型系统中,消费者作为消费层级的最高层次,其能够进行有目的的主动干预转型系统的发展,是转型系统结构与功能的调控者。人类的消费也是一种社会性的属人行为:人类消费不能只考虑个体自身的需要,同时还要顾及他人,所以要承担相应的消费责任。因为"一个人的行为不仅关系到本人的目标是否实现,还关系到对别人的目标和利益是否有损害,并且还会影响到社会风气"③。

而人类承担的消费责任主要是在消费过程中尽量降低其对自然环境的压力。人类的消费活动应当对自然和社会负责,维

---

① Myers N. Consumption: challenge to sustainable development. *Science*,1997(4)。

② UNEP. Element for polices for sustainable consumption. http: // www. un. org/esa/dsd/resources/res_pdfs/csd—19/Background-paper-5-SCP-DSD. pdf.

③ 厉以宁:《经济学的伦理问题》,三联出版社,1995 年。

持整个环境与经济的平衡。基于此,本书将生态消费定义为:人类在遵循可持续的基础上对整个自然资源及其产出进行有道德的消耗。这样生态消费会产生一个结果:直接降低污染并间接减少资源的消耗,因为生态消费是在产品生产完毕后流入市场,消费者才能选择消费或不消费,但这些产品已经生产出来,资源已被消耗。只是企业发现该产品销售不理想时减少该产品的生产,间接减少了资源的消耗。另外根据本书定义,生态消费是一个遵循一定规律的动态协调的过程。遵循的规律包括经济、生态、消费和社会发展的规律。作为动态过程主要是时间和空间的动态性,而协调则主要是指经济和自然之间的协调。这里之所以强调有道德的消耗是因为从长远来看,任何一个消费行为均受到消费者自身素质的影响,所以消费者自身所具备的道德素质在很大程度上能够影响到生态消费的生成。

5.1.2 生态消费的原则

生态消费的原则主要包括公平原则、系统协调原则、效率原则与可控原则。

(1)公平原则

公平原则是消费道德的最基本的体现,其主要体现为消费者在进行消费时必须考虑到其他消费主体的消费权益,该原则又主要体现在以下几个层次:

国际公平原则。环境问题实际上是一个全球性的问题,从其根源来讲,是发达国家在工业化进程中过多地占用自然资源和过度排放"三废"所致。而在发达国家完成工业化进程后,新兴的工业化国家却因为资源减少和环境破坏的问题不得不面对更为苛刻的发展条件。与此同时部分发达国家甚至通过出口将本国"三废"运输到发展中国家,这实际上是以牺牲他国的利益来维护本国利益的典型的缺乏道德的行为。国际公平要求各国在进行消费时不能以牺牲他国利益为代价,各国应当平等地承担起各自的义务,履行各自应尽的职责。

群际公平原则。这里的群实际上是指一国之内不同层次的群体,包括不同区域、阶层和行业等。群际公平是指任何一个群体的消费行为都不能以牺牲其他群体的消费权利和发展为代价。

代际公平原则。该原则强调当代人需要担当起当代和下代在不同代际合理地分配资源和消费资源的责任。生态消费强调当代人和下代人享有同等的生存和发展权利。这意味着当代人应当尽可能地给下代人留下能够为其发展提供生存和发展的资源,同时也不能以为下代人着想为理由过度抑制当代人的消费需求。这样既可以避免下代消费者的损失,也能够满足当代消费者对资源消费的合理需求。

生命公平原则。该原则是指包括人类在内的所有生命体都是大自然的产物,它们共同构成富有生机的自然生态系统,在自然生态系统面前,所有生命皆是平等的。所以,生态消费要求人类社会承认生命公平这个事实,承认并尊重各种生物的生存权,约束人类自身的行为,维护自然生态系统的完整性,保护生命的多样性。

(2) 系统协调原则

从单一消费者角度来看,其行为仅仅只是一个普通的动态过程,而消费者又同时具备自然和经济两个属性,因此实际上需要从进入自然和经济两个系统中去考察消费者的行为。作为转型系统的动力,也需要深入考察其在动力系统内部的各种行为及原因。此外,消费者数量很大,又广泛分布在社会的各个领域并具有领域特性,使消费者的行为具有示范效应。以上三点均强调生态消费需要注意自然和经济、动力之间以及不同领域之间的系统联系,从而保证系统内外的协调性。

(3) 效率原则

生态消费也是一种消费行为,需要计算消费收益与消费成本。但是生态消费考虑的不仅仅是经济上的收益与成本,也考虑自然环境的收益与成本。只有当两者的收益之和大于两者的成本之和,这样的生态消费才是有效率的,反之则是没有效率的。没有效率的消费实际上是变相的浪费,因此需要注意生态消费是否具有效率。

(4)可控原则

如对于系统协调原则,消费者作为动力系统内的动力要素,其具备一定的可控性,通过决策和调控能够使消费者意识到自然环境的重要性,让消费者自身偏好逐步向生态消费转变,从而引导消费者进行生态消费,实现可持续发展。

5.1.3 生态消费的基本特征

生态消费是在传统消费模式导致大量资源浪费和环境污染的背景下提出的全新消费观。与传统消费观相比,它的主要特征表现在以下两方面:

(1)"经济人"与"生态人"共存。西方经济学在"有限理性经济人"的假设下构建了整个经济及制度理论,"经济人"在消费过程中存在自利、理性和效用最大化的特征。然而随着人类社会的发展,以"经济人"为假设的经济理论在实践过程中产生了严重的负外部性:有限理性的"经济人"只可能追求短期利益的最大化而不会考虑下代人的福利。这样的理论不可能适应可持续发展的要求。为解决这个问题,一些学者提出了"生态人"的观念,如中国社会科学院的徐嵩龄就提出"理性生态人"的观念:理性生态人具备较好生态道德素养,在实践活动中遵循生态规律,在协调人与自然协调发展时能够尽职尽责,即人本身的行为与自然的发展是和谐的[①]。这样人类社会责任又增加了自然环境的内容,并且受到各国政府和科研界的重视。然而在现实生活中,这样的"生态人"是否存在;若存在,其在整个人口中所占比

---

① 徐嵩龄:《环境伦理学进展:评论与阐释》,社会科学文献出版社,1999年。

例又是多少;其群体的能力是否足以影响整个消费者的偏好等,这些问题在中国尚无相关研究。但是本书认为可能存在这样一种情况,即消费者中既有"经济人"也有"生态人",但是这两类人都不多,而大多数的消费者可能既存在"经济"的一面,也存在"生态"的一面。之所以这样假设是因为"生态人"的假设条件过于苛刻,其基本条件与"经济人"的假设条件相对立,而根据系统哲学观念,大多数消费者应当分布在这两类极端条件之间。

(2) 以经济—自然双向互利的发展模式为出发点,实现可持续发展。要变革传统的经济增长方式,使人类消费向与自然相协调的方向升级,通过消费行为积极而主动地促进产业生态转型,就应当实现经济—自然双向互利的发展模式。该模式既关注经济也关注自然,既通过生产满足人类的需求也保护自然环境的平衡,最终实现经济和自然的互利发展。生态消费以该模式为出发点,在承认人类合理需求的前提下,充分考虑自然环境的承载力。它的具体表现形式为:良好的自然环境已经成为人类价值追求的一个基本部分;经济和自然的总成本是人类生活的总成本而不仅仅只是经济成本;保护自然环境已经形成一种道德和文化,引导和支配着消费者的消费行为。这些表现使人类在可持续的范围内进行消费活动,实现人与自然的协同共进。

5.2　生态消费动机的学派与拥挤理论

5.2.1　生态消费动机

上一节已经提到,消费中既有"经济人"也有"生态人","经济人"的特性是有限理性,而"生态人"的特性则是具备较高道德。在国际学术界对生态消费的动机分析也存在两大理论派别,其中道德派的理论与"生态人"的要求较为相似,而理性派的理论则与"经济人"的要求较为相似。

　　道德派认为资源和环境问题实际上是一种道德问题,他们赋予自然无可替代的价值,人类仅在自然里进行繁衍后代的活动而已,因而人类应当遵循自然自身所具备的规律。所以道德派认为人类可以且必须具备崇高的环境道德(Environmental Ethic)。这种绝对性的假设是因为从人类自身分析来看,保护环境并协调行为是必需的。这样的观念认为人类应当对环境承担起应有的责任,即使环境保护行为与人类的短期利益相冲突也应当被执行。比如一个企业进行节能生产,就算其他企业并不这么做,并且它们还能从这个企业的节能行为中获益,这个企业依然会继续进行节能生产。这种高风亮节的行为实际上需要企业具备一定的教育素质和道德,但在现实社会中并不是所有的企业都具备这么高尚的道德,而对于那些不愿意进行节能生产的企业则只能采取严格和无补偿措施的行政手段迫其就范,结果会使政府逐步成为生态独裁者。理性派主要包括技术专家和经济学家。技术专家相信随着科技的进步,资源和环境问题能够得以解决,而经济学家认为只要对人类施以正确的经济激励,完全可以解决资源和环境问题。实际上科技进步的路径受到经济激励的影响,因此本书认为经济学家思考的程度比技术专家要更为深入。

　　由于资源和环境的市场失灵,消费者会因为短期的获益而采取破坏自然环境的行为,经济学家提出的建议是建立科学合理的产权制度,使每位资源和环境的消费者在享受自然环境提供的产品和服务时付出合理的价格,相关的政策工具主要包括交易许可、资源和环境的税收及补贴等。有大量的文献证明,只要这些政策工具能够得到合理的应用,就能够实现生态消费,因为存在相对价格效应①,其中较为经典的文献是 Diekmann 有关价格体系的案例分析,将相对价格效应阐述得较为清晰:任何一个产品价格的变化都会对另一与之相关的产品价格产生影响,从而最终影响整个经济系统的供给。所以大多数经济学家均没有对经济激励措施有任何的质疑,并且认为经济激励措施比道德和行政手段更为有效,而环境经济学也成为经济理论应用方面一个成功的典型②。

　　总体看来,道德派和理性派对于资源和环境方面的研究方法有很大的不同,在政策工具的使用上也存在分歧。以之前的发达国家将废弃物从本国运输至发展中国家为例,道德派对该行为进行强烈的批评,其认为处理废弃物是每一个国家和公民自身的基本责任。理性派(由于经济学家比技术专家思考得更深远,所以此后理性派均指经济学家)则依据比较优势进行分析,当发达国家处理污染的成本比运输出本国的成本要高得多的时候,就应当将其运输至发展中国家,这样无论是发达国家还是发展中国家,都获得了实际利益:发达国家利用较低的成本处理了废弃物,而发展中国家则因为处理废弃物获得了其紧缺的资金用以发展本国经济。尽管这两派存在很大的分歧,但本书认为这两派的理论实际上存在着互相的联系,这也与大多数消费者均有“经济人”和“生态人”两面一样,两派理论的互相争论使其各自融合了对方的部分思想,更关键的是,生态规制也只有充分和有效地融合这两派的理论思想,才能够保证被有效地执行。

---

① Frey S. *Economics as a science of human behaviour*: *towards a new social science*. Kluwer Academic Publishers,1999.

② Diekmann A,Peter P. Green and greenback: the behavioral effects of environmental attitudes in low-cost and high-cost situations. *Rationality and Society*,2003(4).

5.2.2 道德派与理性派的联系

经过长期的争论,道德派逐步意识到不可能让每一个消费者都具备足够的环境道德以对自然环境负责,如果采用经济激励措施去引导消费者进行生态消费将会更有效。这些学者往往与"绿色"有关,他们从最开始极力反对用经济激励措施去引导消费者变为极力支持,结果是虽然对于资源和环境问题的认识不同,但这些学者与经济学家一样支持基于市场机制的消费引导政策。这是因为一些道德派的学者已经意识到资源和环境税收或补贴政策等比行政手段更为有效,这一观点也是理性派所支持的。

虽然理性派的经济学者们一直认为经济激励措施要优于行政手段,但却很难在现实经济中进行应用,因为这些理论本身就很难进行具体的量化[1],从而纯粹的行政手段依然担当引导消费的主力。形成这样尴尬局面的原因有很多,其中很重要的原因是当一些利益集团(尤其是国有特大型、大型企业或企业联盟)察觉到如果运用经济激励手段可能会降低他们的实际利益,而行政手段则可能使其实际利益获得提升的时候,这些利益集团便会通过各种手段去反对经济激励的方案被实施[2]。另一个很重要的原因是对于一个普通的市民而言,他并不能够影响甚至改变一个国家的宏观政策,因此也不一定会对国家政策十分关心且按照国家政策来要求自己,这也是著名的"选举难题"中的一个现象[3]。只有那些非常热衷于国家政策并认为参与到国

---

① OECD. Integrating environment and economics: the role of economic instruments. http://www.vki.hu/~tfleisch/PDF/pdf97/PROHUN_970630an.pdf.

② Frey B. A constitution for knaves crowds out civic virtues. *Economic Journal*, 1997(7).

③ Mueller D. *Perspectives on public choice*. Cambridge University Press, 1997.

家政策的制定中来十分有意义的人才会认真地思考国家政策的
制定与规划,并按照国家政策来要求自己。这样,理性派的经济
学者们也逐步开始重视道德派的学者们一直强调的环境道德,
一些互利而不是自利的价值观才是保证经济激励措施能够被正
确使用的前提,这个观点也是道德派所支持的。

这样两个派别的关联越来越紧密,道德派开始赞同经济激
励措施,理性派则承认了环境道德的重要性。接下来本书将重
点分析以环境道德为代表的内在动机和以经济激励为代表的外
在动机之间的关联,但在此之前先介绍 Frey 提出的拥挤
效应。

5.2.3　拥挤效应的推理

社会心理学家早就开始研究"奖励的隐形成本"(hidden
costs of reward)[①],具体情况就是当一个人的行为被以奖励的
形式进行外部干预时,会降低该行为的内部动机。从经济学的
角度上看这确实很难理解,但是这样的事实却早就被心理学家
的实验证明了。他们让精神病院的一些病人承担一些很简单的
任务(如叠被子、扫地等),对于完成任务的病人奖励一些购物券
(可以在医院里购买食品或简单的生活用品)。过一段时间当奖
励取消时,病人便不主动叠被子或扫地了,因为他们发现这样做
并不能够得到购物券[②]。

"奖励的隐形成本"主要从两个方面来理解:一是所有的外
部干预奖励或行政管理均能够影响内部动机;二是当外部干预
是以命令或控制的形式出现的时候就会挤出内部动机,而当外
部干预是以认可的形式出现的时候便会挤入内部动机。当前的

---

①　Geen R. Social motivation. *Annual Review of Psychology*,1991(2).

②　Lepper M,Greene D. *The hidden costs of reward:new perspectives on the Psychology of Human Motivation*. Erlbaum,1978.

研究主要集中在对内部动机的分析。为使该理论能够为本书所用,这里引用美国学者 Frey 的观点并以委托代理模式来表述[①]。

一个典型的代理人会根据他的收益 B 和成本 C 来决定他的行为 P,收益和成本都会随着行为的增加或提升而增加,即 $\frac{\Delta B}{\Delta P} = B_P > 0$,$\frac{\Delta C}{\Delta P} = C_P > 0$。行为的边际收益是逐步降低的($B_{PP} < 0$),而行为的边际成本却是逐步增加的($C_{PP} > 0$)。此外收益和成本都受到委托人的外部干预 E 的影响,则有:

$$B = B(P, E); B_P > 0; B_{PP} < 0 \qquad (5\text{-}1)$$

$$C = C(P, E); C_P > 0; C_{PP} > 0 \qquad (5\text{-}2)$$

一个理性的代理人会选择合适的行为使其纯收益($B - C$)达到最大,即其一阶导数 $B_P - C_P = 0$。将 E 代入该微分式,以显示委托人对代理人的外部干预作用:

$$B_{PE} + B_{PP} \times \frac{\mathrm{d}P}{\mathrm{d}E} = C_{PE} + C_{PP} \times \frac{\mathrm{d}P}{\mathrm{d}E} \qquad (5\text{-}3)$$

由式(5-3)可得外部干预对行为绩效的影响:

$$\frac{\mathrm{d}P}{\mathrm{d}E} = \frac{B_{PE} - C_{PE}}{C_{PP} - B_{PP}} \qquad (5\text{-}4)$$

根据标准的委托代理理论[②],外部干预通过提高代理人不作为的成本或者降低代理人的作为成本来提升代理人有所作为的积极性,$C_{PE} < 0$。这就是外部干预的相对价格效应。但是拥挤效应被忽略了,外部干预并不能够改变代理人行为的边际收益($B_{PE} = 0$),因此传统经济理论认为外部干预提升行为绩效

① Frey B. Morality and rationality in environmental policy. *Journal of Consumer Policy*, 1999(4).

② Fama F, Jensen C. Separation of ownership and control. *Journal of Law and Economics*, 1983(6).

$\left(\dfrac{\mathrm{d}P}{\mathrm{d}E}>0\right)$。而实际情况并非如此,因为外部干预能影响内部动机,当外部干预产生挤入效应($B_{PE}>0$)时,外部干预对行为绩效的正影响便得到了加强;相反,当外部干预产生挤出效应($B_{PE}<0$)时,外部干预对行为绩效的影响便取决于 B_{PE} 和 C_{PE} 的大小。

此外,外部干预还可能间接损害内部动机。拥挤效应可能扩散到那些没有被执行外部干预的更远的区域,而当在那些以内部动机作为主要激励作用的区域产生挤出效应后,外部干预的总体执行结果可能与委托人的利益发生冲突。这是因为可能存在间接加强挤出效应的"动机扩散效应",比如我国沿海发达省份某些城市执行了严格的资源和环境产权,使当地的环境得到有效的改善,但是另一些没有执行如此严格的产权的城市却因为节约资源或保护环境,不能够得到足够的经济回报而产生了破坏性使用资源和环境的情况。而行政管理手段也存在同样的"动机扩散效应"。

有关拥挤效应的实证研究很多,但是多在社会学方面,经济学方面文献较少。本书发现最早将拥挤理论运用到经济学的是一个对 116 个荷兰企业经理人进行的调查。研究表明,当企业经理人发现自己被监管的力度增大时,他们就会减少在公司工作的时间以规避压力[①],而当经济激励措施和非激励措施一起使用的时候,挤出效应会被放大。

挤出效应的产生主要是因为代理人心理的两个变化过程:第一,代理人自觉性降低。当代理人认可外部干预作为自主行动的一种约束时,内部动机就被外部干预所替代了。控制点

---

① Barkema H. Do job executives work harder when they are monitored. *Kyklos*,1995(1).

(Locus of Control)就从内部转向了外部①,不再对内在动机承担责任,而对外在的干预负责,这种控制点转变过程仅当外部干预是控制形式时才存在。当代理人察觉到外在的干预有利于提升自身竞争力的时候,内在动机就会增强。所以,外在动机是否产生拥挤效应取决于其被理解为何物,若是控制则产生挤出效应,若是信息则产生挤入效应。第二,互惠机制被破坏。当代理人的内在动机被外部奖励时,委托人和代理人之间的默契很容易被破坏,因为代理人会为外部的奖励而放弃与委托人之间互惠互利的原则,而委托人和代理人之间保持互惠互利的默契则能够促使代理人更好地工作和承担更多的责任②。

而挤入效应则主要依赖人们之间平等的互相交流沟通和决策共定。如果双方是同学、朋友或亲戚,那么内在动机更容易产生一些③。委托人与代理人之间的交流和沟通对于内在动机的形成是一个先决条件,通过交流和沟通,人们知道对自身对其他人所承担的责任和义务,而且交流和沟通能够激励合作的内部动机。而当每一个人都参与到决策层中的时候,每一个人的内部动机都得到极大的提升,尤其是责任感。这种挤入效应也被大量的实证研究,比如在瑞士的国民因为长期受到道德方面的教育以及极大的政治民主,国民的纳税意识上升到道德和责任的层面,从而降低了瑞士偷税漏税的水平④。

---

① Rotter J. Generalized expectancies for internal versus external control of reinforcement. *Psychological Monographs*,1966(1).

② Rousseau D. *Psychological contracts in organizations*. Sage Publications, 1995.

③ Grant R. Toward a knowledge-based theory of the firm. *Strategic Management Journal*, 1996(Winter Special Issue).

④ Frey B. Morality and rationality in environmental policy. *Journal of Consumer Policy*,1999(4).

5.3　生态消费的作用机制

生态消费的作用机制有两个方面，一方面是对生态规制的响应，另一方面则是拉动生态创新。生态消费对生态规制的响应又可进一步细分为两类，一类是具备挤出效应的消极响应，另一类是具备挤入效应的积极响应。而生态消费拉动企业化则是因为消费者偏好的转变使得生态创新倾向更强，以实现市场创新。

5.3.1　生态消费响应的挤出效应分析

当大量消费者在外部干预实施之前具备环境道德，挤出效应便会出现，挤出效应会破坏执行了外部干预区域以及邻近区域（动机扩散效应）的环境道德。大量的文献研究表明，大多数消费者愿意为使用自然所提供的服务付出一定的成本，但该成本不能太高，如将垃圾分类、不在公共场所乱扔纸屑以及联合抵制污染环境的企业产品等。在此本书着重分析当前主流的规制手段对消费者产生的挤出效应。

第一，行政手段会破坏消费者的环境道德。运用行政手段对某一特定行为进行管理，并对不遵守管理的人进行惩罚，这样控制点便不是消费者个人了。消费者的自觉性会降低，因为消费者认为环境道德是一种多余的事物。但是通过对环境友好的消费行为进行立法保护是一个例外，因为法律有一个表达功能，即假设每一个消费者都是环境友好的，这样会增强消费者的环境道德。

为论证该观点，需要分析行政手段的挤出效应和相对价格效应之间的大小。后者是由于消费者违反行政规定从而引致的惩罚。而消费者只有当其违反规定的行为被发现的时候，才能够被惩罚。即使消费者确实违反了，并被开具罚单，也还有很多手续需要办理,此时消费者(无论是个人还是企业)均有可能通过寻租来降低惩罚程度,从而降低惩罚的实际效果。在现实生活中个人和企业对资源和环境的违规使用很难被察觉,所以结果往往是惩罚程度低并且执行速度慢。众所周知,消费者往往低估自己的违规行为被发现的可能性,这进一步导致惩罚引发消费者的不确定性行为,所以行政手段对消费者的相对价格效应是相当有限的。一些简单的惩罚措施主要是针对直接对资源和环境的破坏性使用的规制,更容易产生环境友好行为,法律增强已存在的环境道德的表达功能也更强,规制减少个人行为空间的力度也更低,规制的违反者也更容易被发现并得到惩罚,但现实生活中这样的情况很少。更多数是一些复杂抽象模糊的规制,尤其是当这些规制的惩罚措施因为含糊其辞而容易被规避时,就会产生极大的挤出效应。中国以及西方发达国家都试图通过行政管理来解决资源和环境问题,可惜这些规制并不是十分有效,政府的管理者们便开始认为是这些规制还不够详细、不够多的原因造成的,并将这些规制更加细化。政府一般不会减少这些规制,而减少的规制才是正确的规制,因为只有这样才能降低挤出效应。

第二,建立污染的产权制度会产生严重的挤出效应。这种产权制度能够固定污染的数量[1],则当消费者(包括个人和企业)没有拥有这样的产权时,自然环境就会成为其负担,这类产权交易最终对污染形成一个价格。产权制度最开始是为企业所设计的,并被广泛地应用到企业,而产权制度也可以被应用到个人,因为个人也是环境的消费者。它的基本观点是环境属于整个社会并由政府进行管理,对环境的使用不再会是免费的而是

---

① Tietenberg T. Emissions trading:an exercise in reforming pollution policy. *Resources for the Future*,1985.

付费的,这样就改变了消费者的边际成本并产生了一种基于外部动机的消费行为。为能够污染环境这样一种不好的行为进行付费,就好比让罪犯可以通过为自己的犯罪行为进行付费以获得特赦一样,这样容易让消费者产生一种观点,即污染环境是可以的,只要你能付得起费用。这样有关产权交易的买卖双方通过讨价还价使买者获得污染环境的权力,也就是官方允许的"污染许可证"(License to Pollute)①。这样拥有这种权力的消费者可以进行合法的污染,从而使得通过道德来限制环境的污染没有任何意义,甚至被认为是天真的想法。这就是通过建立产权制度会产生严重的挤出效应的原因。相对价格效应和挤出效应是反向作用的,产权制度的建立试图增加污染的成本,减少环境污染,这个工具却极大地损害了消费者保护环境的内在动机。这种挤出效应同样也存在于另一个常用的政策工具:环境税之中。

第三,环境税会产生挤出效应,但是挤出效应不如产权制度强。环境税是政府直接立法对污染进行收费,与产权制度不同,环境税直接对破坏环境的消费者(个人和企业)进行收费。当一个特定物品的价格被改变,外部动机就会影响消费者行为,但环境税所表达的含义是让消费者清楚最好不要随意使用环境,这与产权制度完全不一样。但这里依然存在挤出效应,政府的外部干预会降低消费者的自觉性;控制点转向政府,因为消费者认为保护环境不再是他们自身的职责。由于产权制度和环境税的相对价格效应相似(都是让污染环境成为成本),环境税的挤出效应却小得多,因此总体看来环境税要比产权制度有效率得多。但是环境税具体的挤出效应还取决于很多条件,基础条件就是

---

① Kelman S. *What price incentives? Economists and the environment*. Auburn House Pub. Co. ,1981.

环境税的税率。

低环境税率能够较好地支持环境道德,因为税率较低,所以消费者并不会强烈地感觉到环境税为控制作用,因此挤出效应较弱,甚至可能因为环境税的表达功能而产生挤入效应。当然低环境税的相对价格效应同样很弱。已经有实证研究证明低环境税率有较高的效率[①]。高环境税率则因为极大地增加了污染的成本,能够产生很强的相对价格效应,使环境税较为有效,尤其是在环境道德较为薄弱的地区执行时,相对价格效应比挤出效应要强得多。但中等税率的环境税则因为既无法产生较强的相对价格效应,又容易产生较强的挤出效应而很难具备高效率。当然具体量化的低税率和高税率还需要具体情况具体分析,而低税率和高税率的具体效应也很难量化,所以有经济学家建议对税率从低向高不断尝试。这样的建议不一定行得通,因为如果中等税率的效率低于低税率的效率,那么在从低税率开始逐步提升税率时会发现环境税的工作效率会逐步降低而最终放弃环境税[②]。

5.3.2 生态消费响应的挤入效应分析

并不是所有的生态规制都会产生挤出效应,有些规制也能产生挤入效应。

第一,从短期来看,环境道德主要依靠政府的宣传以及鼓励消费者的参与,而从长期来看,还是要依靠教育。以上三种外部干预都能够增强消费者的内部自决性,因为这三种政策工具强调了消费者自身的职责。虽然这些工具可能仅在某一特定区域存在,但却能够扩散到其他区域,只要其他区域的消费者也认同

---

① Thøgersen J. Monetary incentives and environmental concern: effects of a differentiated garbage fee. *Journal of Consumer Policy*, 1994(4).

② Frey B. Morality and rationality in environmental policy. *Journal of Consumer Policy*, 1999(4).

这些工具。有大量的实证研究证明这三种工具确实有效率,比如干旱时期对水资源的节约以及废弃物的重新利用①。一个比较有趣的实证就是在苏黎世对太阳能发电的使用:对消费者而言,无论是传统方式的电能还是太阳能发电的电能,其使用效果是一样的,但是太阳能发电的电价是传统方式的 7 倍。根据"经济人"的理论,是没有人会使用这种电能的。然而通过当地政府的大力宣传,太阳能发电的消耗量占到总体消耗量的 2.5%,这证明通过有效的宣传和鼓励确实能够激发消费者的环境道德从而达到政策工具的使用目的②。当然,本书并不同意该文献将不使用太阳能发电的消费者视为自私的消费者的看法,因为太阳能发电的消费者除了具备环境道德以外还应具备一定的经济条件。所以不能因为一个人经济条件较差无法承担高昂的太阳能发电的电费,就认为其是一个自私的消费者。

然而这三个工具形成挤入效应存在两个大的困难。首先,环境道德很难被唤醒,除非大多数消费者能容易地理解这些行为是对环境有好处的。而实际上,有些产品或服务对环境的危害并不是立竿见影的,一个看似保护环境的产品可能在生产或运输过程中产生巨大的污染,这样就很难让消费者判断其购买该产品的行为是否违背了环境道德。其次,环境道德也很难稳定并持续,当消费者发现他们良好的动机被其他人利用时,他们可能立即放弃环境道德。这种行为类似于博弈论里的"囚徒困

---

① Thøgersen J. Monetary incentives and environmental concern: effects of a differentiated garbage fee. *Journal of Consumer Policy*, 1994(4).

② Frey B. Morality and rationality in environmental policy. *Journal of Consumer Policy*, 1999(4).

境",到最后谁也没得到好处①。由此可见,仅仅依靠激励消费者的环境道德来设计生态规制的内容最终会迷失方向,生态规制当然要考虑环境道德,但同时也要运用市场工具,这也符合消费者既有"经济"的一面也有"生态"的一面。

第二,通过立法的表达功能强化环境道德。这种立法与之前谈到的行政管理有着本质的区别。这里对违法者的处罚并不是立法所关注的重点,其重点是强调这样做是有利于环境保护,并且得到国家承认的。虽然主流经济学家并不承认这一点,但是研究经济法的专家对这种法律的表达功能却非常关注②。

第三,政府的补贴能够提升环境道德。对节约能源消耗和减少环境污染的补贴不仅能够改变相对价格效应,也能够有一种表达功能:政府的政策显示了哪些消费行为是被鼓励的。换言之,这种补贴使得相对价格效应和挤入效应是同向的,而不像产权交易或环境税那样是反向的。但实际上,政府补贴也不一定是一个好的政策工具。首先,政府的补贴并不是销售额的提成,不会随着节约能源或减少污染的能力提升而增加,这样仅仅依靠环境道德的挤入效应来形成动机的激励,但补贴并没有明确的等级定位,使挤入效应就变得很小了。其次,政府的补贴容易使消费者在政策制定之前提升污染程度以获取更多的补贴。最后,政府的补贴来源于对全体消费者的税收,这实际上也增加了消费者的负担并且可能造成局部的不公平,没有任何污染的个人消费者还要为有污染行为的企业消费者提供补贴,可能会对个人消费者产生挤出效应。

---

① Kagel J, Roth A. *Handbook of experimental economics*. Princeton University Press, 1995.

② Frey B. Morality and rationality in environmental policy. *Journal of Consumer Policy*, 1999(4).

　　由以上两节可以看出,简单地运用经济激励措施可能因为产生挤出效应而抵消本来的相对价格效应,所以在使用经济激励措施时需要谨慎,针对生态消费的最有效的生态规制还是教育和宣传,从而从本源上对消费偏好进行引导和改变。

5.3.3　生态消费拉动生态创新

　　从以往的经验来看,相同性能的产品,生态产品一般比传统产品价格高,这限制了生态产品的迅速扩散。在此本书借用博弈论思想,对所有变量进行无量纲化处理,将消费行为分为传统消费和生态消费,将企业分为传统企业和生态企业。传统企业或消费者的环境道德为 0,不存在道德效用,而生态企业或消费者具备道德效用。将相同性能的传统产品和生态产品分为 A 和 B,产品的成本、利润、性能效用、道德效用分别用 C, R, V 和 M 表示。由于两种产品性能相同而生态产品价格高于传统产品,所以 $V_A = V_B$, $C_A + R_A < C_B + R_B$。消费者行为集合为{购买,不购买};企业行为集合为生产{传统产品,生态产品}。则生态消费者购买生态产品或不购买传统产品(抵制落后的产品)均会获得一个道德效用,而生态企业则会因为不生产传统产品或生产生态产品并被消费者购买时,产生一个道德效应(生态企业因为生产落后产品而内疚)。博弈矩阵见表 5-1。

表 5-1　消费者与生态创新的博弈矩阵

假设:生态产品刚上市,则有 $R_A > R_B$, $C_A < C_B$	传统消费		生态消费	
	购买	不购买	购买	不购买
传统企业　传统产品	R_A, $V_A - C_A - R_A$	$-C_A, 0$	R_A, $V_A - C_A - R_A$	$-C_A, M_A$
传统企业　生态产品	R_B, $V_B - C_B - R_B$	$-C_B, 0$	R_B, $V_B - C_B - R_B + M_B$	$-C_B, 0$

假设:生态产品刚上市,则有 $R_A > R_B$,$C_A < C_B$		传统消费		生态消费	
		购买	不购买	购买	不购买
生态企业	传统产品	$R_A - M_A$,$V_A - C_A - R_A$	$-C_A$,0	$R_A - M_A$,$V_A - C_A - R_A$	$-C_A$,M_A
	生态产品	$R_B + M_B$,$V_B - C_B - R_B$	$-C_B$,0	$R_B + M_B$,$V_B - C_B - R_B + M_B$	$-C_B$,0

由表 5-1 可见,当企业和消费者不具备环境道德(即传统消费和传统企业博弈)时,相对于生态产品传统产品具有绝对优势($R_A > R_B$,$V_A - C_A - R_A > V_B - C_B - R_B$,$-C_A > -C_B$),消费者只会购买传统产品。但当企业和消费者都具备足够的环境道德(即生态消费和生态企业博弈)时,则博弈均衡会是购买生态产品(只要道德效用足够大,使得 $V_B - C_B - R_B + M_B > V_A - C_A - R_A$,$R_B + M_B > R_A - M_A$),其结果有利于产业(包括同类产业和不同产业企业之间的协调发展)生态创新,进而实现产业生态转型,所以一个具备环境道德的消费市场对于生态创新能够起到拉动作用,以实现产业生态转型。

5.4 本章小结

生态消费是转型系统的外部动力,但不是动力系统的原动力,所以生态消费能够成为动力的前提条件是响应动力系统的原动力而成为一个动力作用于产业内部动力——生态创新。基于此思想,本章便从生态消费的内涵入手,逐步展开对生态消费的相关研究。

生态消费很难量化,因为不消费生态产品的行为可能并不是因为消费者不具备环境道德而是因为确实难以承担生态产品较为昂贵的价格。所以本书对生态消费的定义为人类在遵循可持续发展的基础上对整个自然资源及其产出进行有道德的消耗。这样当一些消费者因为经济能力的限制而消费传统产品时,也是生态消费,因为其遵循了弱可持续发展的原则,若强迫没有经济能力的消费者消费价格较高的生态产品会使其丧失消费其他产品的能力,这样的消费模式难以长久,是不可持续的。而后依据该定义对生态消费的原则进行了总结,主要包括公平原则、系统协调原则、效率原则与可控原则,并指出任何一个消费者均具有"经济"和"生态"的两面性,需针对这两种特性分别制定不同的措施对其进行引导,不应当单纯强调消费者的"经济"面而无视其"生态"面,以至滥用经济激励措施,也不应当强迫所有消费者都从"经济"向"生态"转型,因为其抹杀了人"有限理性"的基本特征。

依据消费者的两面性,本书分别查阅了有关"生态人"的道德派理论和有关"经济人"的理性派理论,发现两个派别自诞生之日互相的争论就没有停止过,道德派认为资源和环境问题实际上是一种道德问题,他们赋予自然无可替代的价值。人类仅在自然里进行繁衍后代的活动而已,因而人类应当遵循自然自身所具备的规律,所以道德派认为人类可以且必须具备崇高的环境道德。而理性派认为只要对人类施以正确的经济激励,完全可以解决资源和环境问题。但随着时间的推移,双方开始互相产生联系,道德派开始支持用经济激励措施去引导消费者,而理性派也承认道德的重要性。依据该研究背景,本章对规制所产生的拥挤效应也进行了相关分析,指出不重视环境道德的经济激励措施往往会改变消费者自身的道德水平,使得经济激励措施并不一定总是能够优化资源配置。

所以,消费者在响应有关规制时,会产生两种相反的效应。在传统的环境规制下,许多工具都会产生挤出效应:行政手段会破坏消费者的环境道德,建立污染的产权制度会产生严重的挤出效应,环境税会产生挤出效应,但是挤出效应不如产权交易强。这些传统的工具所产生的挤出效应需要在制定生态规制时进行充分的考虑。此外,本章也总结了哪些工具能够产生挤入效应,具体有三种:一是从短期来看,环境道德主要依靠政府的宣传以及鼓励消费者的参与,而从长期来看,还是要依靠教育。二是通过立法的表达功能强化环境道德。三是政府补贴,虽然这个工具并不是非常有效。生态消费对生态创新的拉动作用则是通过一个博弈模型而进行论证的,其结果显示,只要道德效用足够高,即只要消费者均进行生态消费,那么生态创新的获益更高,进而更容易实现产业生态转型。

第 6 章　生态创新动力子系统

　　高技术产业生态转型与传统经济发展模式的区别在于,前者是可持续发展,而后者单纯追求经济的增长。形成该区别的原因是高技术产业生态转型依靠的是生态创新而传统产业经济增长依靠的是创新。生态创新是创新中的一类,但有其自身的特色,即能够优化资源环境的配置从而能够在实现经济增长的同时节约资源和保护环境。本章的研究内容则是从生态创新的内涵入手,论证生态创新能够分别从企业层面和产业层面节约资源和保护环境,同时指出生态创新提升了产业竞争力,为持久的经济增长占领制高点,从而完成产业生态转型。

6.1　生态创新的内涵与动力响应

6.1.1　生态创新的定义

　　自从人类开始关注可持续发展以来,对环境的保护行为历经了以废弃物为处理对象的末端治理、以生产过程为对象的清洁生产、以生产供应链为对象的产业生态化和以整个人类经济社会为对象的全面生态化四个阶段。但无论是在哪一个阶段,技术创新都受到了不同程度的重视,也有诸如环境创新、绿色创新、可持续创新以及生态创新之类的术语逐步出现在学术界和政界中。虽然这些术语的含义不尽相同,但是本书认为这些术语的本质起源是一致的,那就是希望能够实现经济和生态的双赢所需要的创新,因此本书用生态创新来简称以上全部术语。

　　与产业生态转型相比,生态创新从理论上展开研究是比较晚的。直到 1996 年,才有学者首次提出了生态创新的定义,并于次年将其明确定义为:显著减少环境影响并能给顾客和企业带来增值的新产品和工艺①。这种思想的提出使发达国家开始重视生态创新并认为其能够提升国家竞争优势。2004 年,欧盟开始在欧盟层面和国家层面全面推动生态创新,并于 2007 年在"竞争力和创新研究框架"项目中的"企业和创新"部分设立"生态创新"专题(Measuring Eco-innovation,MEI)。

　　MEI 一个很重要的目标就是对生态创新进行严格而简单的定义,建立有效识别生态创新的指标及其统计体系的方法论,促进欧盟各国对生态创新的理解和应用。MEI 将生态创新定义为:企业采用或开发有关产品设计、生产、服务、管理或经营的新行为,该行为能够在产品的整个生命周期内有效降低对环境的影响。在此基础上,经济合作与发展组织(OECD)在"可持续生产与生态创新"的报告中将生态创新定义为:新的或显著改善产品(或服务)的生产、营销、组织和制度的行为,无论这些行为是否是主动作为的,其均能够带来环境的改善。有学者认为这两个定义与《奥斯陆手册》对创新的定义几乎一脉相承,该手册认为创新不仅包括新的或显著改善产品(或服务)的生产、营销、组织和制度的行为,也包括这些行为被其他企业所采用和扩散②。《奥斯陆手册》认为,一项环境友好的技术发明是生态创新,而采用这项技术也属于生态创新,尽管在技术发明者眼中,

---

① Europe Union. Competitiveness and innovation framework programme eco-innovation userguide. http://ec. europa. eu/environment/etap/files/ guidelines_for_cip_eco_innovation. pdf.

② Arundel A,Kemp R. Measuring eco-innovation, UNU-MERIT working paper series ♯2009－017. http://www. merit. unu. edu/publications/wppdf/2009/wp2009－017. pdf.

这种采用行为并不是创新,甚至可能是侵犯知识产权的行为。

MEI 和 OECD 对生态创新的动机也进行了定义,认为生态创新不仅包括主动的、有意识的创新行为,也包括不主动的、意外的创新行为。换言之,生态创新只重视结果,并不在意动机,这就扩大了生态创新的范围。只要符合"新颖"和"改善环境"这两个特性,其行为就可以认为是生态创新。由于范围过于宽泛,缺乏具体的衡量指标和统计体系,这样的定义肯定会产生广泛的争议。这样宽泛的定义实际上也是不得已而为之,因为只有这样才能为生态创新提供一个更宽泛的支持。当然,随着 MEI 和 OECD 的发展,生态创新的定义肯定会越来越科学,生态创新也可能会被重新定义。

此外,生态创新的一个分歧在于是否将末端治理纳入生态创新的范围,有些文献认为只要能够避免或降低环境影响的产品、设备、工艺、技术或管理行为即为生态创新,无论该行为是否带来经济效益[1]。但另一些文献则认为生态创新不仅要实现环境的改善,更要实现经济的收益,即环境和经济要实现双赢[2]。这样的观点使末端治理不可能进入生态创新的范围,因为大多数末端治理不能产生经济效益。

基于上述观点,本书认为生态创新定义应当是既包括环境和经济双赢的创新,也包括部分末端治理,用以解决前者无法处理的环境影响。所以本书认为生态创新是指显著提升人造和自然资本总利润的新产品、设备、工艺、技术或管理行为。而人造和自然资本的总利润是指人造资本和自然资本的总收益减去人造资本和自然资本的总成本,这就使当末端治理创造的自然资

---

① Rennings K, Zwick T. *Employment impacts of cleaner production*. Physica-Verlag, 2003.

② Horbach J. Determinants of environmental innovation-new evidence from German panel data sources. *Research Policy*, 2006(1).

本的收益大于所付出的人造资本的成本时,这样的末端治理即可以算作是生态创新,其成本可由政府补助。

6.1.2 生态创新的特点

一般情况下,人们很难理解生态创新与传统创新之间的联系和区别,很多解释要么将生态创新与传统创新之间完全区别开来,要么将生态创新归类于传统创新。有的学者认为,生态创新与一般创新没有巨大差别,都包含研发、试产、产销和传播等环节。所以生态创新系统也同样由技术、组织和制度构成,一般能够影响到传统创新的因素也能够影响生态创新[①]。但是生态创新确实有和传统创新不一样的特征:生态创新具备"双重外部性",即生态创新不仅有经济方面的外部性,还有环境方面的外部性。生态创新能够实现经济和环境的共赢,能够在生产过程中将对环境的负效应内部化,从而实现环境正效应的溢出,但环境的外部性使企业缺乏这么做的动机[②]。此外,由于生态创新对环境的影响很难全面评估,而传统评估方法又是通过生态创新减少环境影响的程度来评判,这使得生态创新容易带上"环境"的标签,很难得到客观的评价和识别。

"双重外部性"使得对创新起到很重要作用的技术推动力却不一定对生态创新有效。虽然少数技术确实能够提升生产效率、降低能源消耗和减少废弃物排放,但大多数针对环境的技术存在"反弹效应"(Rebound Effect),如能源的消耗强度降低导致能源的单位价格的下降,相反引致更多的能源消费,而能源消

---

① Sandra R,Stelios Z. Determinants of environmental innovation adoption in the printing industry. A research monograph of the printing industry center at RIT. http：// print. rit. edu/pubs/picrm200304. pdf.

② Oltra V, Saint M. Incrementalism of environmental innovations versus paradigmatic change:a comparativestudy of the automotive and chemical industries. http：// www. business. mmu. ac. uk/emaee/papers/41Oltra&. Saint Jean. pdf.

费的总体消耗量的上升大于能耗强度降低所形成的节约能源总量。此外单一的技术创新对应整个经济和环境系统显得目标单一、范围狭窄,容易造成解决一个问题引发更多问题的局面。这使得技术进步对生态创新的作用力较传统创新要小[①]。"双重外部性"也使得市场拉动力对生态创新的影响有限。虽然大家普遍认为消费者和公众压力是生态创新的重要动机,但是由于信息不对称以及环境道德的缺失,消费者愿意支付用于改善环境的意愿往往低于预期。这使得市场拉动力的影响有限,需要相关规制的支持。还有些学者也明确指出,需求拉动只能影响生态创新的应用和扩散,并不能够拉动生态创新的原创性创新[②]。

正如前文所说,"双重外部性"使得生态规制成为必需,这是因为"双重外部性"使得生态创新的技术推动和市场拉动作用失效,而科学合理的生态规制才是保证生态创新成功实现的唯一手段。

6.1.3　生态创新的分类

生态创新的分类方法有很多种,比如按照熊彼特对创新的分类方法以及渐变和突变之分,然而本书认为这样分类容易将范围缩小或者产生争论,比如渐变和突变之间如何区别以及需不需要渐变创新等。在此,本书依照生态创新的发展过程,借鉴董颖、石磊的相关研究将生态创新分为终端生态创新、过程生态创新、产品生态创新以及生态创新系统四类,具体区别见表6-1。在这种分类模式下可以清晰地看见生态创新的演变历史,能够了解生态创新的来源、演化路径和当前趋势。

---

① Scott T. *Environmental research and development*:US *industrial research*, *the Clean Air Act and environmental damage*. Edward Elgar Publishing Ltd. ,2003.

② Taylor M. Beyond technology-push and demand-pull: lessons from California's solar policy. *Energy Economics*,2008(6).

表 6-1 依据生态创新发展历程的分类①

创新类型	作用对象	重点手段	主要内容
终端生态创新	污染物以及废弃物	末端治理、环境修复	建立处理废弃物和污染物的技术系统,开发补救措施的具体技术和工艺,生态效率提升 0～2 倍
过程生态创新	产品的生产过程	预防污染、清洁生产	生产过程模块化、集成化,管理模式创新,生态效率提升 2～4 倍
产品生态创新	产品或服务	生命周期分析、生态设计、综合产品政策	挖掘新产品、新市场和新的商业模式,技术和组织协同创新,生命周期内经济和环境收益最优,生态效率提升 4～8 倍
生态创新系统	资源利用体系、经济和政治体系	产业生态学、可持续发展、循环经济	除产品生态创新的内容外还包括文化、技术、组织和制度的协同创新,生态效率提升 8～50 倍

6.1.4 生态创新的动力响应

生态规制和生态消费均会对生态创新产生影响,使企业意识到生态创新的重要性,这样生态创新作为动力系统的承载动力便能行使推动高技术产业生态转型的动力作用。具体来看生态创新主要应完成以下四个主要转变。

第一,设计生态化。传统的产品设计只考虑到如何促使产品迅速地进入消费领域,而设计生态化需要将整个产品从生产到使用到回收全部都设计好。所以设计生态化首先要考虑如何以低消耗和低污染的原材料去符合生态规制或者生态消费;其次还要考虑生产产品时剩余原材料的拆解处理和重新利用;最后要考虑产品废弃后的拆解处理和重新利用,而且这些设计还要能够使企业的产品获得经济收益。

第二,生产生态化。传统的生产追求生产效率的最大化,即

---

① 董颖,石磊:《生态创新的内涵与研究进展》,《生态学报》,2010 年第 9 期。

用最少的投入产生最大的收益。而企业生态化要求企业家具备一定的环境道德,在企业发展过程中不应仅以利润为追求目标,也应当把环境保护纳入追求目标。所以生产生态化不仅追求生产效率最大化,也追求生态足迹的最小化,即在生产过程中将对环境的破坏程度降到最低。并且将这两个追求的目标方向调整一致,使企业在保护环境的同时能够获得经济效益。

第三,管理生态化。管理生态化的重点是对人力和财务的管理,针对人力资源管理的生态化要求,企业定期对内部员工进行教育和培训,让企业员工融入到生态管理中去,形成独特的企业生态文化,构建与生态文化相适应的员工管理体制,提升员工的环境道德,为设计生态化和生产生态化提供帮助。而财务生态化主要是指绿色会计,但这需要政府的支持,因为财务报表的具体格式一般由政府制定,所以政府需要尽快建立并完善绿色会计制度。

第四,营销生态化。如果消费者的环境道德提升,就会越来越注重生态方面的问题。敏感的企业家会重视这种改变并对传统的营销模式进行有针对性的改革,在产品符合生态消费的条件后,通过各种手段向消费者宣传并积极诱导消费者参与到产品的设计、生产以及管理中来,适应企业的生态文化,进一步拓宽产品的销路。

这些手段相对应的具体工具在第 3 章已经详细阐述,其能使企业积极应对生态规制、生态消费,以拥有更强的竞争力,实现经济和生态的双赢。正如第 4 章中生态规制所言,政府至少可以通过六条途径来影响企业行为,一项真正意义的生态规制必然是一套组合拳,而消费者也可以通过手中的"货币选票"迫使企业进行创新,进行研发及相关活动,这需要大量的投入和企业之间的竞争与合作博弈。由于在技术进步方面所运用到的学科知识主要是自然科学类,所以本书将其定义为企业的"硬"生态化,其主要对应的是设计生态化和生产生态化。而除了"硬"生态化外,企业还需要在管理和营销方面进行创新,这些创新主要需要运用到人文社科学类,所以本书将其定义为企业的"软"生态化,其主要对应的是管理生态化和营销生态化。

6.2 生态创新推动资源环境优化的路径分析

生态创新作为微观层面的某个企业的个别行为却能够形成宏观层面的可持续发展,存在巨大的复杂性和动态性①。构建一个合理的路径分析框架有利于企业和政府做出科学的决策。

6.2.1 推动路径的微观层面——企业

能够成功进行生态创新的企业,一般具备较强的科技创新能力和长远的战略眼光。因为实现生态创新有一个前提问题,就是企业需要什么样的生态创新? 这样的生态创新需要什么技术? 如何才能解决这些技术所包含的技术难题? 回答这三个问题需要相当高的智慧,然而这样的智慧只能通过长时间的学习和实践才能够拥有,然后才能回答这些先验性的问题。所以时间在这里成为一个关键因素,这要求企业家能够在长时间内保持企业的生存和成长的同时,还要长时间地思考企业下一步的科研发展方向。这样的经验很难复制,因为即使同行业企业的生存环境相同,其成长的经历也很难相同,科学地总结出这样的经验是非常困难的。而一旦所需要的生态创新被确定了,那么下一步就是如何实现生态创新。

为了实现生态创新,企业会引进或研发出一些特别的技术,形成一个技术体系,具备一种"硬"实力,实现生态设计和生命周

---

① Huppes G,Ishikawa M. Eco-effciency guiding micro-level actions towards sustainability:ten basic steps for analysis. *Ecological Economics*,2009(2).

期设计,降低单位 GDP 的环境影响。如果"硬"实力是切实有效的,就可以将技术的发明或引进互相联系起来,形成有机的整体。这样能够在每一个环节分配合适的降低环境影响的份额,但是又很难确切地计算出究竟哪一个环节应当承担多少具体的份额,于是很多的研究就止步于此,要么直接进入到宏观层面,要么对技术的关联机制进行了简单分析后进入宏观层面。

　　其实这离生态创新推动高技术产业生态转型还有一定的距离,至少缺少了两个步骤。第一,当一个新技术出现的时候,需要更加复杂和动态的实验将该技术纳入一个技术体系中,在各种不同的环境下进行反复的验证,直到得出所有环境下的实验结果,得到哪些环节不能够适应生命周期分析,并针对其进行优化和改进。第二个步骤也是生态创新能否实现的最关键的一个步骤:市场分析。对市场的分析不仅包括对技术产品所对应的市场分析,也包括技术产品所能够扩散到的市场。供求机制和替代效应是生态创新适者生存的最佳方式。比如当消费者发现能将玉米转变为燃料的时候,玉米的价格就会上升,种植玉米的土地面积也会随之增加,这会使玉米的副产品如养殖业所需要的牧草等增加,这些产品的价格会下降,但其他与玉米竞争土地的产品价格会上升。可以逐个分析静态的市场,然后将这些市场集合起来综合分析。但如果真的将供需弹性甚至交叉弹性引入模型中,即使非常小的市场波动也会产生极大的复杂性。这需要对市场进行更加深入的分析、更客观的量化,对需求进行全面而持续的分析,最后将所有市场进行整合分析①。按照上述步骤逐步选择出来的生态创新便能够节约资源和保护环境。

---

　　① Kleijn R, Kramer G. Material constraints of selected energy pathways. http://www.cml.leiden.edu/research/industrialecology/Researchprojects/finished/material-constraints.html.

6.2.2 推动路径的中观层面——产业

生态创新推动产业与产业之间产生关联,这形成了物流分析(Material Flow Analyze,MFA)的理念。很多生态创新都需要微量元素,这些微量元素的供给实际上是有限的,比如太阳能电池所需要的晶体硅。虽然循环利用能够降低对一次性生产的需求,但是当技术处于尚未成熟的发展过程中时,一次性生产是必需的。即使是相对成熟一点的技术,比如运输燃油的管道,可能在未来十年内依然无法实现循环利用,因而需要大量的镍产品[①]。这就存在一个微量元素的替代效应,需要用动态物流分析方法来对其进行分析。当前世界上的大多数资源都是商品,当然,有些资源是大量存在并且使用价值不高的,比如沙子,但从沙子中提取的其他物质也可以算做有价值的资源。对全球的资源流动进行动态分析,观察产业因为某种原材料发生价格变化时,可以发现产业之间的关联系数也发生了变化。

产业关联系数的变化会引起经济层面投入产出的全面变化,学者往往用投入产出模型以及一些有限行为的博弈模型来对这种现象进行研究。而投入产出的变化又会影响贸易流动、劳动力流动以及总体的技术进步。有些学者用局部均衡方法分析了某些特别的产业,比如能源,通过计算产业关联系数,证明了能源产业关联系数的变化确实引起了经济层面投入产出的全面变化[②]。这些模型虽然均是动态的,但是分析方法却较为静态,一般将企业设为两个或者以上的状态,而不是一种路径。所

---

① Elshkaki A. System analysis of stock buffering:development of a dynamic substance flow-stock model for the identification and estimation of future resources, waste streams and emissions. http://cml. leiden. edu/research/industrialecology/research /publications-ie. html.

② Duchin F. Aworld trade model based on comparative advantage with m regions,n goods,and k factors. *Economic Systems Research*,2005(2).

以本书认为局部均衡的分析方法类似于一种静态市场研究,而非动态经济研究。从动态角度来看,产业关联系数的变化会引起整个产业结构的升级,使部分产业逐步丧失竞争优势而被具有生态创新能力的产业取而代之,这些产业竞争力的逐步提升能够节约资源和保护环境。

当产业竞争力得到提升的同时,环境道德也从另一个层面开始起到一定的作用,比如环境道德对生物能源的支持。对于环境道德,学术界颇多为定性的理论研究,而实际上环境道德是一系列作用机制的集合。环境道德能够改变消费者需求、市场的全球化以及生态规制的内容。一个有生态创新能力的产业能够应对这些挑战,由于其生态创新的特性,在具备环境道德的市场经济环境下更能够提升其所具备的竞争优势,淘汰不具备生态创新能力的产业,进一步节约资源和保护环境。环境道德对产业竞争能力的提升得到了多数学者的认可,但是具体的量化和作用机制却很难被明确,下一步的研究方向应当是对道德的量化及其作用机制的揭示。

6.3 生态创新提升产业竞争力

生态创新从企业和产业两个层面优化资源和环境配置,从而节约资源和保护环境。另外,生态创新也能够提升产业的竞争力,提升效果与市场结构直接相关,本节主要论证以上两个观点。

6.3.1 生态创新提升产业竞争力的理论模型

Esty 和 Porter 对环境创新与产业竞争力之间的关系进行了深入的探讨,他们认为环境创新的思想有利于提升其资源的使用效率,从而提升产业的竞争力[1]。环境创新的系统关联观念促使企业在内部和外部寻找产品提升价值和降低成本的机会。遗憾的是环境创新并不一定总是能够为产业提供竞争优势,因为环境创新的成本有时会超过其带来的收益,并且制度也不可能完全将资源环境成本内部化,从而使生态企业比传统企业更有优势。此外,由于生态企业过于关注资源和环境可能影响到企业生产要素的整体协调性。两位学者在此基础上构建资源生产率方程,指出当消费者环境道德意识变强时,生态产品的价格也就会因为市场的扩大而提升,所以部分企业会意识到环境的重要性,从而会进行环境创新,获得竞争优势。

但是这样的说明并不是非常有说服力,首先,他们并未对方程的前提条件阐述清楚;其次,方程讨论太过简单,并且仅以一种投入品来论证不符合企业生产,而多数产品是需要复合投入的。所以我国学者在其思想基础上对其进行了进一步改进,2004 年樊海林提出综合资源生产资源率理论测度模型[2],其假定一个企业以"利润最大化"为目标,生产过程中有 N 种投入品,各种投入品之间存在一定的可替代性和协同性,则一个企业的综合资源生产率可以用式(6-1)来表示:

企业的综合资源生产率＝F(全部投入品的基本附加值＋

全部投入品的协同附加值－

全部投入品的直接经济成本－

全部投入品的间接摩擦成本)

$$(6-1)$$

这是因为有些投入品的分割丧失了作为整体的功能,比如

① Esty C,Porter M. Industrial ecology and competitiveness: strategic implications for the firm. *Journal of Industrial Ecology*,1998(1).

② 樊海林:《产业生态:一个企业竞争的视角》,《中国工业经济》,2004 年第 3 期。

创新团队的人力资本。而投入品之间既存在互相协同促进提升效率的可能性,也存在互相抵消降低效率的可能性。式(6-1)表明企业综合资源生产率受到全部投入品的基本附加值和全部投入品的直接经济成本的影响,同时也受到因为不同投入品之间的协同而产生的潜在附加值以及因为互相抵消而产生的间接摩擦成本的影响。这样企业的综合资源生产率很大程度上就取决于企业的生产系统的生态化能否为企业获取持续利润而服务。企业单独提高某种投入品的资源生产率可能导致综合资源生产率的降低,而综合资源生产率的最优也并不意味着每一种投入品的资源生产率都是最高,企业必须对所有投入品有一个综合的考量。

综合资源生产率的设计较为新颖,它解决了资源生产率方程的部分不足,更接近真实的经济生产,然而本书认为该式依然存在不足:该方程式没有考虑到企业家在重视资源环境问题的同时逐步形成一种心理依赖,即节约资源环境能够创造利润,这样环境道德通过潜移默化的作用在企业管理层心中形成思维定式;这种定式会因为生态创新的获利而得到进一步的加强,这样会反过来促使企业更加重视资源环境问题,从而进一步提升综合资源的生产率。因此本书在此对式(6-1)做了进一步的修改,将其改进为:

产业的综合资源生产率＝$M \cdot F$(全部投入品的基本附加值＋

全部投入品的协同附加值－

全部投入品的直接经济成本－

全部投入品的间接摩擦成本)

$$(6-2)$$

式(6-2)中 M 表示产业的环境道德,暂时将其视为一个会逐步变化的常数,因为还需要进一步探究环境道德是生产率的内生变量还是外生变量。只是根据之前的论述,可以肯定的是,环境道德的树立能够对产业的综合资源生产率起到一定的提升作用,其作用类似于知识生产函数中的知识存量,因此环境道德也是一个逐步累积的变量。由式(6-2)可见,生态创新能够提升投入品的基本附加值和协同附加值或者降低投入品的直接经济成本或间接摩擦成本,使得函数的主体得以提升;而生态创新使企业获益后企业家的环境道德意识得以增强,进一步提升了产业的综合资源生产率,使得产业竞争力得以提升,由此可见生态创新能够提升产业竞争力。

6.3.2 提升效果的市场结构因素分析

由于市场结构的不同,生态创新提升产业竞争力的效果也有不同,因为生态创新提升产业竞争力主要依靠创新的扩散。根据传统的经济理论,依据竞争程度不同由高到低将市场分为完全垄断、寡头垄断、垄断竞争和完全竞争四种类型。本书为了研究的需要,仅分为低竞争度、中竞争度和高竞争度三类市场。低竞争度的市场集中程度较高,主导企业能力强,外部性基本没有内部化。中竞争度的市场集中度一般,存在主导企业但主导能力不强,还不能垄断市场,外部性有一定程度的内部化。高竞争度的市场集中度较低,没有主导企业,外部性全部转入内部化。这三类市场中,生态创新提升产业竞争力的效果各不相同,但合理的生态规制下的中竞争度市场会有更好的提升效果。

在低竞争度市场中,产业缺乏进行生态创新的内外动机,因为企业通过垄断获得的利润稳定且较为丰厚,没有生存压力和外部威胁,而生态创新又可能使既得利益集团受到损失,所以很难有内部动机。一般情况下,生态创新很难在该类市场中有所作为。不过,如果主导企业一旦采用某种生态创新,则产业竞争力的提升速度将会很快,而且不同投入品之间的摩擦成本会比较小,但如果没有生存压力的外部动机,主导企业很难有原创性的生态创新。所以,生态创新在该类市场里对提升产业竞争力的作用要么几乎没有,要么就很强,处于两个极端,并且很难有自主的生态创新。

　　在中竞争度市场中,外部性有了一定的内部化,所以生态创新是有一定的利润的,另外由于主导企业的地位并不稳定,可能随时还有其他的新兴企业对其主导地位发起挑战,使得主导企业也存在一定的内在动机(当然其他企业也会存在这样的内在动机)。但是如果生态创新带来的收益并不能抵消其支付的成本,企业的地位又不是非常稳定,企业就会更愿意采取能够获得短期利益的一些经济行为,这将不利于生态创新。在此,合理的生态规制就显得尤为重要,只有这样才能保证生态创新带来的收益超过其成本,才能有较好的提升效果。

　　在高竞争度市场中,外部性完全内部化,生态创新能够得到直接的回报,并且企业的生存压力较大。从理论上看,这种市场中的产业应更愿意进行生态创新。但实际上却并不是这样,因为这类市场中产业集中度不高、企业实力不强,很难保证生态创新的持续性,缺少成功的典范和与其他企业的协调与互动。此外,企业的战略也会对生态创新产生影响,因为有实力并且有环境道德的企业往往应对生态创新的态度是接受与改进,而没有实力或者没有环境道德的企业应对生态创新的态度则可能是回避甚至是抵抗,若后者占据市场多数,则生态创新难以扩散,也就很难提升产业竞争力。

　　因此在中竞争度市场里,运用合理的生态规制使企业充分感知生态规制的推动力和生态消费的拉动力,进而生态创新可以通过企业和产业两个层面来实现可持续发展和提升产业竞争力,最终完成高技术产业生态转型从理论上是可行的。

6.4　生态创新促进生态消费

　　生态创新能够在使产业盈利的同时节约资源,从而以产业角度形成生态消费,对生态消费起到推动作用,但是这样的推动效果如何尚有待进一步实证。由于缺乏有关生态创新的具体数据,因此本节以中国高技术产业为例,运用相关技术数据,分析技术因素对重要的生态消费内容之一———能源消耗的影响,以展望生态创新促进生态消费的实证研究。

6.4.1 能源消耗的研究背景

近十几年来,我国高技术产业蓬勃发展并突破性地带动了经济增长和产业结构优化升级[1]。研究表明,高技术产业增加值的增长可促使单位工业增加值能耗的降低,高技术产业增加值每提高 1%,单位工业增加值能耗将降低 0.24%,说明高技术产业的发展本身能够促进产业结构升级进而节约能源消费。与此同时,高技术产业能源消费也从 1996 年占工业能耗总量的约 1%已经上升至 2008 年的约 2%,翻了一倍[2],这说明,高技术产业的能耗增速超过工业能耗总量的增速,因此降低高技术产业能源消费的增速势在必行。

虽然产业结构升级和技术进步是节约能源消费的两种方式,但是产业结构对节约能源消费的作用已经越来越弱[3],何况高技术产业内部产业属性趋同,产业结构调整对节约能源消费的意义可能不大。因此节约高技术产业能源消费的主要方式是通过技术进步,也就是狭义的创新。然而技术进步对能源消费的影响也是一把双刃剑:一方面,技术进步导致新的技术被采用从而节约能源消费;另一方面,技术进步导致经济的进一步发展,从而又消费更多的能源,这便是著名的反弹效应[4]。因此,

① 赵玉林,魏芳:《高技术产业发展对经济增长带动作用的实证分析》,《数量经济技术经济研究》,2006 年第 6 期。
② 国家发改委高技术产业司。http://gjss.ndrc.gov.cn/。
③ 林伯强,姚昕,刘希颖:《节能和碳排放约束下的中国能源结构战略调整》,《中国社会科学》,2010 年第 1 期。
④ Khazzomm J. Economic implications of mandated efficiency standards for household appliances. *Energy Journal*,1980(4).

只有同时实现经济效益和生态效益统一的生态创新才能够完成既发展经济又节约能源消费的任务[1]。生态创新是一项系统工程,首先应知道当前能源消费中技术所起到的影响在哪几个方面以及程度如何,才能够明确所要解决的问题。早在 20 世纪 80 年代,便有学者指出随着信息技术的进步,能源的生产效率会提升从而降低能源的消费[2]。

此后一些发达国家便开始依靠技术进步来实现减少二氧化碳排放和能源消费的目标[3]。然而一些学者经过实证提出反对意见,他们发现现实社会中很少有企业愿意采用这类技术进步以节约能源消费,这就是所谓的“能源效率悖论”[4]。进而,技术进步能否减少能源消费以及如何节约成为研究热点,Smulders 等人指出,技术进步促进能源消费减少的前提是技术进步符合企业的经济效益[5]。还有些学者认为即使技术进步同时满足经济效益和有利于减少能源消费,也不一定能够被企业采用,这取决于企业资本和劳动与该技术相结合的优势[6][7]。不少学者认为制度通过规制技术进步的方向与路径从而减少能源消费,而技术进步对减少能源消费效果不明显

---

[1]　Huppes G,Ishikawa M. Eco-efficiency guiding micro-level actions towards sustainability:ten basic steps for analysis. *Ecological Economics*,2009(6).

[2]　Walker W. Information Technology and Energy Supply. *Energy Policy*,1986(6)。

[3]　Newell G,Jaffe A,Stavin R,The effects of economic and policy incentives on carbon mitigation technologies. *Energy Economics*,2006(5—6).

[4]　Shama A. Energy conservation in US buildings:solving the high potential/low adoption paradox from a behavioural perspective. *Energy Policy*,1983(2).

[5]　Smulders S,Nooij M. The impact of energy conservation on technology and economic growth. *Resource and Energy Economics*,2003(1).

[6]　Boucekkine A,Pommeret A. Energy saving technical progress and optimal capital stock:the role of embodiment. *Economic Modelling*,2004(3).

[7]　Kounetas K,Tsekouras K. The energy efficiency paradox revisited through a partial observability approach. *Energy Economics*,2008(5).

的主要原因是制度设计不够完善①②。李廉水和周勇用非参数的 DEA-Malmquist 生产率方法将广义技术进步分解为科技进步、纯技术效率和规模效率 3 个部分,研究认为技术效率是工业部门能源效率提高的主要原因,科技进步的贡献相对低些;但随着时间推移,科技进步的作用逐渐增强,技术效率的作用慢慢减弱③。史丹等人运用 SFA 分析了中国地区差异中技术效率与前沿技术对能源效率的影响,指出全要素生产率的差异对中国地区能源效率差异的作用正在提升④。Kounetas 等人运用非中性前沿分析方法并以希腊制造业为例,实证分析了技术制度和技术效率对提高能源效率的重要性⑤。这些研究为进一步深入研究技术对能源消费的影响奠定了理论和方法基础,可见,运用随机前沿模型深入分析技术进步与技术效率对能源消费的影响是当前研究能源消费与能源效率的主流方法,而能源一般作为经济增长的投入或原因而存在。

因此本节接下来的部分结构拟为:第二部分综合运用随机前沿模型(SFA)和知识生产函数(KPF)的思想,构建高技术产业的能源消费的技术因素模型;第三部分依照国家统计局的统计口径将高技术产业分为三个产业,并进行实证研究。

---

① DeGroot H,Verhoef F,Nijkamp E. Energy saving by firms:decision-making,barriers and policies. *Energy Economics*,2001(6).

② Bjørner B,Jensen H. Energy taxes,voluntary agreements and investment subsidies-a micro-panel analysis of the effect,on danish industrial companies' energy demand. *Resource and Energy Economics*,2002(3).

③ 李廉水,周勇:《技术进步能提高能源效率吗》,《管理世界》,2006 年第 10 期。

④ 史丹,吴利学,等:《中国能源效率地区差异及其成因研究》,2008 年第 2 期。

⑤ Kounetas K,Kostas T. Are the energy efficiency technologies efficient? *Economic Modelling*,2010(1).

6.4.2 模型的设定与技术因素的分解

(1) 随机前沿模型(SFA)与知识生产函数(KPF)

传统的生产函数用索洛余值来表示科技进步水平,又被称为全要素生产率[1],也有学者认为这并不科学,因为现实经济中生产者的生产效率不一致,大多数生产者无法达到投入产出的技术边界[2]。此后前沿生产函数模型被提出,包括生产的投入—产出边界和一个技术效率的差距,以及一个符合均值为 0、方差稳定的正态分布的随机误差[3]。根据 Kumbhakar 等人的总结[4],前沿生产函数模型形式一般表示为:

$$Y = F(X, t) \exp(v - u) \tag{6-3}$$

式(6-3)中,Y 为产出;F 为生产函数;X 表示投入向量;t 表示技术进步趋势;$\exp(-u)$ 为技术效率,u 大于等于 0;v 为误差项,其为符合均值为 0、方差稳定的正态分布的随机误差。因此,技术效率 TE 可以表示为:

$$TE = \frac{E[f(x, t) \exp(v - u)]}{E[f(x, t) \exp(v - u) \mid u = 0]} = \exp(-u) \tag{6-4}$$

在该模型中,生产的效率因素被有效地表达出来,然而技术进步因素却被设置为外在变量,即由制度、结构或者区域差异来

---

[1] Solow R. A contribution to the theory of economic growth. *Quarterly Journal of Economics*, 1956(1).

[2] Farrell J. The measurement of productive efficiency. *Journal of the Royal Statistical Society*, 1957(1).

[3] Aigner J, Lovell K, Schmidt P. Formulation and estimation of stochastic frontier production function models. *Journal of Econometrics*, 1977(1).

[4] Kumbhakar S, Lovell A. *Stochastic frontier analysis*. Cambridge University Press, 2000.

表示①②。这与技术是经济增长的源泉③不符,也与高技术产业的高创新性特征相悖。相比之下,KPF 则更有优越性。

知识生产函数(KPF)最早是由 Griliches 提出的,其基本模型为④:

$$Y = DC^{\alpha}L^{\beta}K^{\gamma}e^{(\lambda+\mu)} \qquad (6-5)$$

式(6-5)中,Y 表示产出;D 为常数项;C,L 和 K 分别表示资本、劳动和知识的存量,α,β 和 γ 分别表示资本、劳动和知识的产出弹性,而 λ 表示其他要素的影响,μ 则表示符合均值为 0、方差稳定的正态分布的随机误差。此后又有诸多学者对该模型进行了改进,Jaffe 用专利来表示知识存量,并设定专利由企业和高校两者的研发经费以及二者相融的程度决定⑤。Anselin 等人应用空间计量经济学,分析了区域的空间差异导致的科技创新的区域差异产生的原因⑥,Varga 论证了美国的研发投入与经济产出存在着迟滞的关系,并建立了模型试图修正该迟滞⑦。Greunz 则在知识存量的衡量模型里同时考虑技术溢出与区域溢出,结果表明区域创新不仅取决于研发投入,而且受到若干阶地理相邻区域的研发投入的溢出影响,同时还受到若干

① 傅晓霞,吴利学:《技术效率、资本深化与地区差异》,《经济研究》,2006 年第 10 期。

② 郑若谷,干春晖,余典范:《转型期中国经济增长的产业结构和制度效应》,《中国工业经济》,2010 年第 2 期。

③ Nelson R. *National Innovation Systems:a comparative analysis.* Oxford University Press,1993.

④ Griliches Z. Issues in assessing the contribution of R&D to productivity growth. *Journal of Economics*,1979(1).

⑤ Jaffe A. Real affects of academic research. *American Economics Review*,1986(5).

⑥ Anselin L,Varga A,Acs Z. Local geographic spillovers between university research and high technology innovations. *Journal of Urban Economics*,1997(3).

⑦ Varga A. Local academic knowledge transfors and concentration of economic activity. *Journal of Regional Science*,2000(2).

阶地理相邻与技术相邻溢出的共同影响[1]。然而,KPF 在提取技术效率时又不如 SFA。因此,有必要汲取 SFA 和 KPF 各自的长处,构建一个反映能源消费影响因素的新模型。

(2) 能源与经济增长之间的因果关系

Kraft 等人的研究结果表明美国的 GNP 与能源消费的单向因果关系[2],Yu 等人则发现韩国是从 GDP 到能源消费的单向因果关系,但菲律宾则相反[3]。Soytas 等人的研究也表明意大利和韩国是从 GDP 到能源消费的单向因果关系,但阿根廷则是双向关系[4]。Ozturk 等人将非发达国家分为 3 组,包括欠发达国家、中下等发展中国家和中上等发展中国家,研究发现欠发达国家存在从 GDP 到能源消费的单向因果关系,而中等发展中国家则存在双向关系[5]。周建认为中国的能源消费与经济增长有双向因果关系[6],而吴巧生等人和赵进文等人的近期研究则表明中国是从 GDP 到能源消费的单向因果关系[7][8]。这些研究

①　Greunz L. Geographically and technologically mediated knowledge spillovers between European regions. *The Annals of Regional Science*,2003(4).

②　Kraft J,Kraft A. On the relationship between energy and GNP. *Energy Development*,1978(2).

③　Yu H,Choi Y. The causal relationship between electricity and GNP:An International Comparison. *Journal of Energy and Development*,1985(2).

④　Soytas U,Sari R. Energy consumption and GDP:causality relationship in G−7 countries and emerging market. *Energy Economics*,2003(1).

⑤　Ozturk I,Aslan A,Kalyoncu H. Energy consumption and economic growth relationship:evidence from panel data for low and middle income countries. *Energy Policy*,2010(8).

⑥　周建:《"十五"关于经济与能源增长速度制订的合理性分析》,《统计研究》,2002 年第 3 期。

⑦　吴巧生,成金华,王华:《中国工业化进程中的能源消费变动》,《中国工业经济》,2005 年第 4 期。

⑧　赵进文,范继涛:《经济增长与能源消费内在依从关系的实证研究》,《经济研究》,2007 年第 8 期。

表明能源消费与经济增长的关系既有单向因果也有互为因果，依据具体情况不同而不同，然而当前研究能源效率的文献多将能源消费作为投入因素考虑。为进一步全面研究能源消费中的技术因素，笔者将能源消费看作是经济发展的结果，即能源消费作为经济要素投入之后的产出。

（3）模型的设定

按照知识生产函数（KPF）的思想，将知识视为能源消费的内生变量。同时依据随机前沿模型（SFA）的思想设置效率变量，并将二者结合设置能源消费模型，具体形式如下：

$$Y = A^{\alpha} L^{\beta} K^{\gamma} \exp(v - u) \tag{6-6}$$

式（6-6）中，Y 表示能源消费；A，L 和 K 分别表示知识、劳动和资本的存量，而 α、β 和 γ 分别表示知识、劳动和资本的能源消费弹性。$\exp(-u)$ 表示技术效率，v 则是符合均值为 0、方差稳定的正态分布的随机误差。该模型既能显示出在实际的能源消费中技术效率对能源消费的影响程度，同时也能够将知识作为存量来考察其对能源消费的影响，更加符合实际的经济。

（4）技术因素分解

技术进步一方面通过物化为机器设备，在提高生产效率的同时节约能源；另一方面又能够提高劳动者的知识化水平，即提高其操作技能和节能意识，因此劳动和资本不仅自身对能源消费有直接的影响，同时还有技术通过劳动和资本的深化对能源消费的间接影响。从而可进一步将 β 和 γ 分解为：

$$\beta = \beta_0 + \beta_1 A \tag{6-7}$$

$$\gamma = \gamma_0 + \gamma_1 A \tag{6-8}$$

将式（6-7）和式（6-8）代入式（6-6）后，对两边取对数可以得到能源消费的技术因素分解模型：

$$\alpha \frac{\ln A}{\ln Y} + \beta_0 \frac{\ln L}{\ln Y} + \beta_1 \frac{A\ln L}{\ln Y} + \gamma_0 \frac{\ln K}{\ln Y} + \gamma_1 \frac{A\ln K}{\ln Y} - \frac{u}{\ln Y} = 1$$

$$(6-9)$$

式(6-9)中,各项从前至后可以分别对应理解为:技术进步因素、劳动因素、劳动技术深化因素、资本因素、资本技术深化因素和技术效率因素,从而将能源消费中的技术因素分解为技术进步、劳动技术深化、资本技术深化和技术效率(也是技术所处制度对能源消费的影响)四个因素。并可得知,若 $\alpha, \beta_0, \beta_1, \gamma_0$, $\gamma_1, -u$ 均大于 0,分别说明技术进步耗能、劳动耗能、劳动技术深化耗能、资本耗能、资本技术深化耗能和技术效率耗能,反之即为节能。

6.4.3　高技术产业能源消耗技术因素分解的实证分析

(1) 产业与指标的选取

《中国高技术产业统计年鉴》中缺少产业能耗数据,而《中国能源统计年鉴》又未将高技术产业单独列出统计。为了有效利用这两个年鉴的数据,本书将《中国高技术产业统计年鉴》中高技术产业细分的 17 个产业部门按照《中国能源统计年鉴》行业分类的统计口径重新归类,调整并重新归结为 A,B,C 三个产业(详见表 6-2),而选取的指标包括以下几项:

① 能源消费。本书按照《中国能源统计年鉴 2009 年》中工业分行业终端能源消费量(按发电煤耗计算法)来衡量该指标。

② 资本存量。资本不仅包括提供服务的固定资产,也包括流动资产。但是由于我国缺乏市场化的资本租赁价格体系,因此按《中国高技术产业统计年鉴》中年末固定资产原价当年减去上年之差为新增资产,同时资产折旧率按 15% 的永续盘存法计算其资本。

③ 劳动存量。劳动存量应当是一定时期内劳动要素提供的服务流量,不仅取决于数量,还与劳动要素的质量、产出效率

等有关。在完全市场经济条件下,劳动时间或劳动报酬基本能反映劳动投入的变化。但在我国市场经济尚不健全,缺乏相关的统计资料。因此,根据刘建翠的研究成果,本书采用的劳动投入指标是历年的从业人数[1]。

④ 知识存量。知识生产函数的研究学者们对知识存量的衡量有诸多指标,包括专利、资金投入和人员投入。在实证研究中,单选该三项中的一项、两项或两项的几何平均均未能通过模型检验,因此用专利拥有量、科技活动经费和科技活动人员的几何平均来表示知识存量,并按照 Guellec 等人的研究成果,以15%的折旧进行永续盘存[2]。

表 6-2　产业统计口径调整[3]

产业名称	二级产业名称	从属产业	比例/%	产业代码
医药制造业	化学药品制造 中成药制造 生物、生化制品的制造	医药制造业	100	A

---

① 刘建翠:《R&D 对我国高技术产业全要素生产率影响的定量分析》,《工业技术经济》,2007 年第 5 期。

② Guellec D, Pottelsberghe V, Potterie D. From R&D to productivity growth: do the institutional settings and the source of funds of R&D matter? *Oxford Bulletin of Economics and Statistics*, 2004(3).

③ 表中产业名称是《中国高技术产业统计年鉴》中所采用的产业名称,而从属产业则是《中国能源统计年鉴》里按行业分类所采用的名称,这里的比例就是指对应的 A、B 或 C 产业的能源消费是所占其从属产业的能源消费的比例。根据国家统计局对制造业的分类,笔者将 17 个二级产业分别归类到其按行业分类所属的产业中去,而后根据年产值和年增加值对比发现,A 和 B 两个产业的产值和增加值均在从属产业的 95% 以上,所以比例取为 100%,而 C 产业的增加值占到其从属产业的 75%,但产值只有 65%,因此笔者取其比例为 70%,此外医疗设备及器械制造和航空航天器制造业的产值和增加值均没有达到从属产业的 10%,故舍去。

续表

产业名称	二级产业名称	从属产业	比例/%	产业代码
电子及通信设备制造业	通信设备制造 雷达及配套设备制造 广播电视设备制造 电子器件制造 电子元件制造 家用视听设备制造 其他电子设备制造	通信设备、计算机及其他电子设备制造业	100	B
电子计算机及办公设备制造业	电子计算机整机制造 电子计算机外部设备制造 办公设备制造	仪器仪表及文化、办公用机械制造业	70	C
医疗设备及仪器仪表制造业	仪器仪表制造 医疗设备及器械制造	专用设备制造业		
航空航天器制造业	飞机制造及修理 航天器制造	交通运输设备制造业		

　　资料来源于《中国高技术产业统计年鉴 2009 年》和《中国能源统计年鉴 2009 年》。

　　(2) 中国高技术产业能源消费的技术因素分析:总体观察

　　根据能源消费模型,利用《中国高技术产业统计年鉴》(2002年、2007 年和 2009 年)、《中国能源统计年鉴 2009 年》和《中国统计年鉴 2009 年》的相关统计数据(1996—2008 年),运用 Eviews 软件采用广义最小二乘法(GLS)估计,并进行怀特异方差处理,具体结果见表 6-3。

表 6-3 模型估计与诊断结果

自变量	因变量：能源消费对数 lnY					
	A产业		B产业		C产业	
	数值	t 检验值	数值	t 检验值	数值	t 检验值
α	0.058 236*	15.733 59	−0.024 86*	−4.044 87	0.006 616	1.110 231
β_0	0.702 443*	16.007 29	0.558 51*	30.738 29	0.719 246*	443.920 2
β_1	−0.000 16	−0.749 991	0.000 651*	8.938 989	0.007 53**	19.791 92
γ_0	0.145 088*	119.405 6	0.438 487*	54.432 84	0.105 14**	14.984 5
γ_1	−0.000 133**	−3.242 612	−0.000 33*	−8.442 79	−0.004 05*	−17.424 9
总体方差 σ^2	0.153 169 3***	2.435 715 6	0.344 419	1.452 756	0.309 309*	12.654 32
方差比 ω	0.847 563 4*	5.143 349	0.882 154	−1.354 67	0.815 8***	2.238 462
效率均值 μ	0.911 31**	13.165 19	0.946 523*	2.341 542	1.153 4***	−1.984 47
时变参数 η	0.000 8	0.134 25	0.000 4	0.051 324	0.000 1	0.175 463
对数似然值	98.831 76		72.975 66		97.559 788 24	
D—W 值	2.199 179		1.732 861		2.019 566 633	
AIC 值	−14.281 81		−10.039 5		−14.086 121 27	

注：*，**和***分别表示通过1%、5%和10%显著水平下的双尾检验。

　　从模型的诊断结果来看,对数释然值、$D-W$ 值和 AIC 值都显示出模型具有很强的解释功能,其中 $\sigma^2 = \sigma_u^2 + \sigma_v^2$,是能源消费波动幅度的反应,由技术效率和误差项决定,其值若小于 0.5,说明波动幅度不大。方差比 $\omega = \dfrac{\sigma_u^2}{(\sigma_u^2 + \sigma_v^2)}$,$\omega$ 越大则说明技术效率因素对波动解释能力越强。$\mu = n^{-1} \sum \exp(-u)$,为技术效率因素的平均值,其值大于 1 说明技术效率总体对能源消费有正向作用,反之则反。时变参数 η 大于、等于或小于 0 分别表示技术效率随时间递增、不变或降低。

　　从总体来看,劳动因素是能源消费最主要的因素,其每增加 1 单位劳动投入,A,B 和 C 产业分别增加 0.7,0.55 和 0.72 单位的能源消费。但劳动技术深化因素的系数一般为正值或显著为 0,这说明虽然劳动因素耗能很多,但是其能源消费并没有随着技术的进步而减少,相反呈现出增加的趋势。可见,在技术进步的同时,技术并没有有效扩散,因而也没有提升职工节能操作和增强节能意识。资本因素是能源消费的主要因素,尤其是在 B 产业,每增加一单位资本投入便会多消费 0.44 单位能源,这和 B 产业的特殊性质有关,通信设备和计算机的制造需要用到大量的组装机器,而这些机器本身就是高能耗的。资本技术深化因素的系数虽然较小,但不显著为 0,且均为负数,这说明技术进步能够帮助资本节约能源消费,只是效果较弱。技术进步对能源消费有两个方面的作用,一方面促进直接节约能源消费,而另一方面又促使经济进一步发展,从而消费更多的能源,也就是说技术进步有反弹效应,因此该模型所测量值为技术进步对能源消费的两个方面作用的合值。A 产值知识存量的系数为正,这说明在 A 产业内,技术进步的反弹效应较强,其引发产业进一步发展的效应强于节能效应。而 C 产业知识存量的系数则几乎为 0,这说明技术进步在 C 产业内的反弹效应一般,技术进步所节约的能源消费量与其所引发的经济发展从而导致更多的能源消费量大体相当。而 B 产业的技术进步因素系数为负值,说明该产业技术进步的反弹效应较弱,技术进步所能够节约的能源消费大于其引发的经济进一步发展而导致的能源消费,这也从侧面解释了唐玲等人的研究结果,通信设备、计算机及其他电子设备制造业的能源效率为工业行业排名中第二的原因[1]。而只有 C 产业的技术效率的系数中小于 0,其余两个产业的效率系数皆大于 0,这说明 A 和 B 产业所处的制度有利于提升技术效率的节能能力,而 C 产业则相反。此外,时变参数很不稳定且均未通过检验,这说明技术因素是不稳定的,可能在产业成长过程中出现过变化,所以需要对其进行分阶段考察。

(3) 中国高技术产业能源消费的技术因素分析:分阶段考察

由于 Chow 突变检验要求每个被分割子集的观测数目必须多过方程中系数的个数,因此笔者按照模型的总体回归结果,将资本技术深化与劳动技术深化因素暂时从模型中剔除,而后进行 Chow 突变检验,发现突变点设定在 2000 年和 2004 年时能够通过相关检验。但由于变量过多,因此暂时不对 2000 年数据进行分析,只以 2004 年为突变点进行 Chow 预测检验,通过对比 1996—2003 年和 1996—2008 年模型系数之间的变化得出相应结论,结果详见表 6-4。

从对数释然值、$D-W$ 值和 AIC 值可以看出该模型具有较强的解释能力。其中,各回归系数为 1996—2003 年的模型回归系数,突变 F 值和 LR 值表示模型 2004—2008 年的预测值与 2004—2008 年的实际值之间是否存在显著差异。结果显示三个产业 2004—2008 年的预测值均存在显著差异,说明 2004 年确实是 Chow 突变点。

---

① 唐玲,杨正林:《能源效率与工业经济转型》,《数量经济技术经济研究》,2009 年第 10 期。

表 6-4 2004 年 Chow 预测检验结果

自变量	因变量：能源消费对数 lnY					
	A 产业		B 产业		C 产业	
	数值	t 检验值	数值	t 检验值	数值	t 检验值
α	0.039 568*	37.785 54	−0.050 39*	−35.970 9	0.033 216***	6.057 802
β_0	0.41***,	−2.447 78	0.504 346*	58.676 68	0.750 902*	36.326 88
β_1	0.004 83**	7.335 205	0.002 271*	14.690 35	0.001 14	0.379 121
γ_0	0.208 751*	22.184 68	0.378 032*	98.033 96	0.106 901*	58.339 08
γ_1	−0.003***	−7.786 54	−0.001 28*	−13.686 1	0.000 128	0.006 506
总体方差 σ^2	0.095 255**	2.142 575	0.369 102	1.364 954	0.141 04**	2.957 545
方差比 ω	0.777 12**	2.565 487	0.805 413	−1.549 77	0.885 864*	27.548 61
效率均值 μ	1.740 7*	44.564 15	0.648 53**	12.854 75	1.101 9**	−2.141 32
时变参数 η	0.025 984	0.425 213	0.000 14	−0.568 49	0.005 41	0.257 754
突变 F 值	42.649 40***		414.320 2*		16.425 61***	
突变 LR 值	60.822 31*		90.270 63*		48.609 51*	
对数释然值	77.592 07		70.741 64		73.051 53	
$D—W$ 值	3.543 155		3.543 832		3.778 002	
AIC 值	−17.898 02		−16.185 41		−16.762 88	

注：*，**，***分别表示通过 1%，5% 和 10% 显著水平下的双尾检验。

从 A 产业来看,技术进步因素系数由 0.039 增长至 0.058,表示 2004 年以来,技术进步的反弹效应增强,单位技术进步消费的能源增多。劳动因素系数由 0.41 上升至 0.7,上升幅度超过 70％,可见其是能源消费增多的主要因素。虽然劳动技术深化因素的系数由 0.004 8 降至－0.000 16 实现质的变化,对劳动因素的耗能起到一定的积极作用,但可见其效果并不是十分理想,对于缓解劳动因素对能源的单位消费作用不大。资本因素的系数由 0.209 下降至 0.145,降幅超过 30％,为能源消费弹性降幅之首。劳动因素系数上升而资本因素系数下降,因此可见 A 产业的劳动因素和资本因素之间存在替代效应。资本技术深化因素系数有所上升说明 2004 年之后技术进步改造资本节能的能力所有下降,而效率均值从大于 1 下降至小于 1,则说明技术效率有质的提升,这也是技术因素所处之制度改善的结果。

与 A 产业明显不同,B 产业显示出能源消费能力全面上升,技术进步因素系数、劳动因素系数、资本因素系数和技术效率系数均有所上升,虽然 B 产业的劳动技术深化和资本技术深化因素系数有所降低,但成效太弱。这表明 B 产业被定为高技术产业后,在快速发展的同时并没有做好节约能源的相应措施,从实际情况来看很多地方政府都将信息及其相关产业定位为战略产业,对其发展大力支持的同时并没有注意到该产业的能源消费,因此能源消费强度下降幅度在 2004 年之后变缓,技术效率系数提升近 46％。

C 产业的技术进步因素系数由 0.033 下降至 0,说明 2004 年后,技术进步引致的节约能源消费效果较为明显,技术进步的反弹效应变弱。劳动因素系数、资本因素系数均有所下降,表明该产业规模扩大的同时能够节约能源消费。劳动技术深化因素系数由 2003 年的 0 变为 2008 年的显著非 0,这说明劳动技术深化不仅没有节约能源,相反还导致能源的消费。资本技术深化系数却相反,从 2003 年的不显著变为 2008 年的－0.004 说明资本技术深化能够节约能源消费。而技术效率系数则有所上升,说明制度导致增加能源消费的影响在加深。

　　总体看来,三个分阶段模型的时变参数均未通过检验,与 2000 年另一个 Chow 突变点的检验结果相符。同时就节约能源消费的改进现状来看,A 产业和 C 产业大致相同,优于 B 产业,这与 A 和 C 产业的 2008 年能源消费强度仅为 1996 年的 17% 左右,而 B 产业依然为 1996 年的 51.8% 相印证。可见高技术产业内部产业的能源消费因素各不相同,在制定相关政策时应因地制宜,不可一概而论。

6.4.4　模型结论与政策建议

　　本节提出了一个基于能源消费模型的分析框架,用以分解能源消费中技术因素的影响,将能源消耗的影响因素分解为技术进步因素、劳动因素、劳动技术深化因素、资本因素、资本技术深化因素和技术效率因素,从而将技术因素分解为技术进步、劳动技术深化、资本技术深化和技术效率。在此基础上,本节运用近 13 年的中国高技术产业中医药制造业,通信设备、计算机及其他电子设备制造业,办公设备和仪器仪表制造业这三个产业的相关统计数据进行了实证分析。在分析中考虑到效率因素和时变因素,对其进行分阶段考察,使模型更加接近真实情况,并根据模型的结果得出以下结论和建议:

　　总的来看,劳动因素是能源消费的最大贡献因素,三个产业的单位劳动投入所引致的能源消费均超过 0.5 单位,为所有因素之首。而技术扩散(包括资本技术深化和劳动技术深化)因素虽然能够有效节约能源消费,但是效果不是十分明显。因此可通过普及相关节能知识和技术,培训职工节能操作能力,提升职工的节能意识。与此同时,打破技术扩散的壁垒,鼓励企业与企业之间、产业与产业之间在节能方面互相交流、学习和竞争,逐步提升技术扩散的节能能力。另外除了通信设备、计算机及其他电子设备制造业产业外,其他两个产业的技术创新对产业能源消耗的作用系数均为正值,这正说明并非所有创新均能实现生态消费,但能够实现生态消费的创新肯定是生态创新。具体到高技术产业来看,并非说通信设备、计算机及其他电子设备制造业产业的创新就是生态创新,而可能是该产业的创新中生态创新比例较高或者生态创新的反弹效应较小。其他两个产业也并非没有生态创新,可能只是生态创新在该产业所有创新中的比例较低或者其反弹效应较大,从而生成了该模型的结果。

就医药制造业(A 产业)而言,其劳动因素与资本因素存在互相替代效应,从 2004—2008 年的变化可见,单位资本替代单位劳动因素可使该产业的能源消费降低 0.25 个单位,因此可以采用适当增加资本的投入替代劳动的投入,从而节约一定的能源消费。此外还需注意技术创新的结果,在技术创新后可以分析整个新产品的生命周期,计算其能源消费的反弹效应,若其所节约的能源消费总量低于其引致产业发展所增加的能源消费总量,则应进一步对技术创新实现改进以使在实现经济效益的同时节约能源消费。

通信设备、计算机及其他电子设备制造业产业(B 产业)的技术创新系数是三个产业中唯一为负值的,且 2004 年和 2008 年均为负值。这表明 B 产业的技术创新有着良好节能效应,然而其数值却由 2004 年的 -0.05 上升至 2008 年的 -0.02,表明技术创新的节能效应在减弱。同时由于该产业的很多零部件生产本身是高能耗的,致使近几年各个因素对能源消费的贡献指数均有上升,能源强度下降幅度不如其他两个产业。因此可全面规划其发展规模,避免盲目发展该类产业低端子产业,尽量发展该产业的高端子产业,提升制造质量和规模效率以降低其能源消费强度。

办公设备和仪器仪表制造业(C 产业)在近几年各个因素对能源消费的贡献指数均有下降,这说明该产业在发展的同时节约了能源消费。虽然其劳动因素的系数从 0.75 下降至 0.72,为降幅最大的因素,但其劳动技术深化因素对能源消费的贡献却从不显著变为显著,呈增强趋势。因此在产业发展的同时需重视新技术,通过干中学改进技术创新所存在的不足,降低劳动技术深化因素的能源消费贡献度。

6.5　本章小结

本章的研究重点是生态创新促进生态消费、经济增长以及节约资源和保护环境,完成产业生态转型的路径,并以实证方式论证了技术对能源消耗的影响以展望生态创新促进生态消费的进一步研究。因此本章先解释生态创新的内涵,进而分析其推动可持续发展路径和提升产业竞争力的原因,得出在中竞争度市场里,运用合理的生态规制使企业充分感知生态规制的推动力和生态消费的拉动力,进而进行生态创新,通过企业和产业两个层面来实现优化资源环境配置和提升产业竞争力,最终完成高技术产业生态转型从理论上是可行的。而以中国高技术产业为例,对 1996 年至 2008 年的相关数据进行实证分析,论证技术因素对能源消耗确实存在降低其消费强度的作用。

生态创新是指显著提升人造和自然资本总利润的新产品、设备、工艺、技术或管理行为。对于经济相对发达的国家和地区,当末端治理的生态效率达到一定的数值时便可以视为生态创新,而具体数值应当视当地经济状况而定,因为这样的末端治理能够增加人造和自然的总资本。同时,生态创新具有"双重外部性",即经济的外部性和环境的外部性,使得生态创新容易产生"反弹效应"。在此设问:"反弹效应"能否被生态消费所解决?若生态消费对资源和环境存在刚性,如单位资源的价格降低并不会引起消费者消费更多的资源,能否解决"反弹效应"?这将在第 7 章通过实证分析得出相应的结论。生态创新作为动力响应生态规制和影响生态消费,承载生态规制和生态消费的动力作用,使企业意识到生态创新的重要性,从而使生态创新成为高技术产业生态转型的动力。

生态创新通过企业和产业两个层面节约资源和保护环境,企业层面的重点是技术和市场分析,产业层面则是通过产业与产业之间的关联来实现。值得注意的是,环境道德能够改变消费者需求、市场的全球化以及生态规制的内容。一个有生态创新能力的产业能够应对这些挑战,由于其生态创新的特性,在具备环境道德的市场经济环境下更能够提升其所具备的竞争优势,淘汰不具备生态创新能力的产业。

本章通过构建产业综合资源生产率理论模型,分析得出生态创新能够提升产业竞争力,为经济的持久增长不断地占领技术制高点,但这与市场结构有着密切的联系,中竞争度市场可能对提升竞争力更为有利。

最后,本章以中国高技术产业为例,具体分析了高技术产业的技术因素对生态消费的重要内容之一——能源消费的作用,实证分析的结果表明,高技术产业总体的能源消耗强度呈现上升趋势,但是个别产业(通信设备、计算机及其他电子设备制造业产业)技术因素能够降低产业能源消耗的强度,而其他的高技术产业则不能。这并非说通信设备、计算机及其他电子设备制造业产业的创新是生态创新,而可能是该产业的创新中生态创新比例较高或者生态创新的反弹效应较小。其他两个产业也并非没有生态创新,可能只是生态创新在该产业所有创新中的比例较低或者其反弹效应较大。从而得出该模型的分析结果:生态创新所占比例较高或反弹效应较小的创新集合能够实现生态消费。因此,运用传统的创新来促进生态消费可能并不奏效,只有运用生态创新才能够真正地促进生态消费。

第7章 高技术产业生态转型的动力系统模型

由于创新能够提升产业竞争力已经成为共识,生态创新作为创新中的一种,其能够提升产业竞争力本身也是毋庸置疑的,因此本书略去对其实证证明。动力子系统之间的互动机制在之前已经阐述,但当前现实世界中尚未有任何一个国家或地区已成功将该系统构建完毕,因此本书运用拥有"政策实验室"美誉的建模思想——系统动力学构建模型,以此来分析若科学地实现生态规制、生态消费和生态创新之后,世界能否实现高技术产业生态转型。在此需要说明的是,生态规制为调控者,生态消费和生态创新的协同作用能够同时降低人均污染排放和人均资源消耗。这里不采用能源强度或污染强度等(单位 GDP 的能耗或污染排放)类似的概念,因为本书认为无论是能源的消耗还是污染的排放,执行这类行为的均是人而不是 GDP,并且 GDP 有可能因为货币贬值而迅速增长,使得这类概念用以衡量生态环境的变化时,存在一定的泡沫。而人群则有其自身的发展规律,并不会大起大落,用人均资源消耗和人均污染排放能够更为贴切地反映生态环境的变化。

7.1 系统运行的基本思想

7.1.1 系统发展趋势的基本模型

要制定符合实际的模型,就必须了解系统的发展趋势。在产业发展的早期,由于其所处空间较为均衡,差异并不明显,资源和环境容量较大,不会对产业发展形成制约。然而,当产业发展到一定阶段,尤其是工业化中后期时,环境和资源问题便开始成为产业发展的重要制约因素。而我国目前已经处于工业化中后期,资源和环境能够影响国家主导产业的选择和产业的具体布局。因此系统的发展必须依托经济和自然的复合系统,各种动力的共同作用形成的合力构成了高技术产业生态转型的驱动力函数,据此本书借鉴时空等价模型和 Logistic 模型来表述系统的发展趋势。

时空等价概念模型的提出,源自理论生态学的概念。如今世界人口猛增所引起的环境和资源等问题,使生态学的研究主体日益从生物演变为人类,从以自然生态系统为研究对象发展为以人类生态系统为研究对象。生态学基本原理既可以应用于生物,也可以应用于人类及人类从事的各项经济活动:某一区域未来某一时段的纵向经济发展水平的时间序列趋势曲线应当和某一时刻内横向经济发展水平的空间序列差距曲线基本一致。这就使得空间差距的样本选择十分重要。从经济角度来看,系统样本应当保持一定的连续性,应当包括从低于自身发展水平到高于自身发展水平的各种系统,而且数量应当足够多。这些系统应当符合经济系统的定义,运行方式应具有"自然"的特征并且运行稳定。按照该思想,高技术产业生态转型的趋势便应当是从资源和环境开始制约经济增长,直至实现产业生态系统即经济的增长并不减少自然资源和破坏自然环境为止。

从系统论的观点来看,高技术产业生态转型是一个开放且不断变化的复杂动态过程。演化的早期,产业的发展表现为一个随机过程,空间结构呈现混沌状态;演化的后期通过内部各个子系统的非线性互相作用,产生一个相对有序的耗散结构。当系统处于这个稳定态之后,系统内部又开始新一轮各个要素的积累,原有的系统平衡被打破,系统开始一个更高层次的跃迁过程。从辩证唯物主义的角度分析,高技术产业生态转型是一个既包含量变又包含质变、从量变到质变的循环往复过程。这类时间上的波动和空间上的差异互相耦合的运动过程则可以用 Logistic 曲线表示。经典的 Logistic 方程式为:

$$\frac{\mathrm{d}N}{\mathrm{d}t} = rN\left(\frac{K-N}{K}\right) \tag{7-1}$$

对式(7-1)进行积分可得:

$$N_t = \frac{K}{1 + \left(\dfrac{K}{N_0} - 1\right)\mathrm{e}^{-rt}} \tag{7-2}$$

式(7-2)中,N_t 为 t 段时间生物种群数量,r 为生物种群的内生增长率,K 为种群所能够达到的数量极限,N_0 为 t_0 时刻该生物种群的数量。在现实的高技术产业生态转型过程中,其发展并非与经典方程相吻合,发展过程实际上有时滞效应。因此可以借鉴时空等价模型的概念对经典方程进行修正得出:

$$N_{t-\alpha} = \frac{K}{1 + \left(\dfrac{K}{N_{t-\beta}} - 1\right)\mathrm{e}^{-rt}} \tag{7-3}$$

式(7-3)中 r 指系统内生产要素在外因的综合作用下所具有的实际综合发展能力。所谓"外因"主要是政策的影响和消费者偏好的影响。K 可以认为是系统所在区域的自然环境承载力,t 为时间,β 和 α 为参数。前文已说明,自然环境为公共物品,所以高技术产业生态转型的原动力在外部,而非内部。这样系统发展的研究重点便是如何让外部的动力和内部的动力协调发展。

7.1.2 高技术产业生态转型动力系统的协调发展

高技术产业生态转型动力系统的协调发展需要有动力的协同作用,而动力的运动方向、速度、能量、方式以及状态都具有一定的规律性。高技术产业生态转型既有物质的运动,也有人的运动。由于人对物质具有主观能动性的特点,所以人是决定系统能否协调发展的关键所在,而这也是为何会在模型中设置人口存量的原因所在。而对于人的动力问题,要在系统哲学的指导下根据系统动力学,并结合经济学、行为科学和社会学等进行综合研究,以便能够在高技术产业生态转型的时间、空间、结构和功能不断变化的情况下,不断地给系统提供动力,推动系统的协调发展。

　　系统的发展和演变一般呈现突变和渐变两种状态。系统内的涨落是导致系统能够形成次序的主要原因。当系统处于不同的状态时,涨落起着迥然不同的作用。当系统处于较为稳定的状态时,涨落会引起系统运行状态和轨道的混乱,此时系统尚具备抗干扰的能力,从而能够使涨落逐步衰减并最终消除,系统也回复到原来的运行状态和轨道。但当系统处于不稳定的临界状态时,涨落则可能不衰减,反而形成“巨涨落”,产生蝴蝶效应,使系统从不稳定状态跃迁到一个新的稳定状态。所以经济系统一般情况下的矛盾运动使经济系统呈现出一般性增长,但当经济系统处于变革的不稳定状态时,一些偶然的事件便会使整个系统跃迁至一个新的阶段,发生结构性突变,这为构建动力系统的基本框架模型提供了思路。协同和异化作用则是系统演变的动力源泉,协同作用是系统内部自组织的一种力量,这种力量会协调系统内各个要素之间的相互作用,使系统能够在时间、空间或结构上形成一定的次序,是系统内各要素相互作用产生的高级力量或群体力量。而异化作用则与协同完全相反,这一对矛盾体的运动推动了系统的演变。

　　高技术产业生态转型的动力系统各要素之间是一个非常复杂的相互依赖和相互作用的关系,单凭直觉和经验很难使其协同发生作用,而本书在之前已用文字阐述了生态规制与生态创新、生态规制与生态消费之间的协同作用,因此验证动力要素之间的协同作用便成为本章的重点,换言之,通过科学合理的生态规制以及对生态消费的引导,使得不断出现的生态创新能否在实现经济增长的同时,节约资源和保护环境进而完成高技术产业生态转型是本章所要研究的重点。

7.2 模型的构建

7.2.1 高技术产业生态转型的因果循环

早在 40 年前,就有人运用系统动力学思想解决宏观发展问题,但很难有一个模型能够对经济系统长时间演化进行综合性的充分的解释以及解决所面临的问题,直到美国的千年研究所(Millennium Institute)提出 T21 模型(The Threshold 21 Sustainable Development Model)。该模型运用系统动力学方法全面考虑了工业、政府、人口、农业、资源以及环境等,而且一般能够预测 50～100 年左右的发展趋势[①]。本书在此运用 Vensim 软件并借用该模型思想进行建模,试图分析高技术产业生态转型是如何实现的,也就是动力系统是如何在实现经济增长的同时节约资源和保护环境的。

T21 模型的前身是由梅多斯创立的世界模型,并在此基础上逐步发展而来。该模型强调模块化设计,模型中的每一个输入输出变量都必须非常精确。也只有这样才能使各个子系统之间的边界较为清晰并且能够进一步深入研究,然而该模型也存在一个难题,全面设计所需要的这些数据必须拥有全部的详细数据,这使得搜集数据的任务很艰巨,所以在能够说明问题的前提下尽量减少变量的设置。针对不同的国家,T21 模型的变量

---

① Barney G, Eberlein R. The threshold 21 sustainable development model. *System Dynamics*, 1995(1).

可能不同,另外由于我国数据可得时间较短并且相对于世界数据来看波动过于频繁,因此本书采用 OECD 国家的公开数据以及世界模型中使用的数据来进行建模。

结合 T21 模型的全面设计思路和数据的可得性,本书将高技术产业生态转型的因果回路设置为如图 7-1 所示的形式。

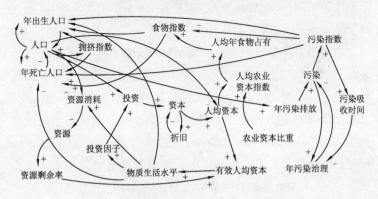

图 7-1 高技术产业生态转型的因果循环图

由图 7-1 可见,可持续发展系统实际上包含五大子系统,包括人口、资源、资本、农业和污染。就高技术产业生态转型的动力要素而言,生态消费最终还是由人来决定的,因此人口的数量和素质很大程度上能够决定资源的消耗和环境的污染;减少资源消耗和环境污染则是高技术产业生态转型的两个目标;农业是决定人类生存和健康的基础产业,其发展程度和质量合格与否直接影响到生态消费的总量。在本模型中,用资本来代替整个非农业(包括广义制造业以及广义服务业,因为服务业的生态创新其实也可以有利于产业生态转型)资本和农业资本的总资本,即资本仅包含农业资本和高技术产业资本两类资本。整个模型中的各种政策系数则代表生态规制的调控手段。若转型成功,则模型的模拟结果应当是资本和资源变量在同时期更多而污染变量在同时期更少,反之则是转型失败。

7.2.2 模型的子系统

为了最后的系统流程图方便而简洁,以下子系统的所有变量均用英文缩写完成,高技术产业生态转型的目标有经济增长、资源节约和环境保护,而这些都离不开人类的作用以及为人类提供生存保证的农业,因此本模型中总共有五个子系统,分别是资本子系统表征经济,资源子系统表征资源,污染子系统表征环境,人口子系统表征人口,农业子系统表征农业。

人口子系统是整个系统中最为复杂的子系统,这是由于作为地球上最具有智慧的物种,人类的行为能够直接毁灭或者挽救地球。但是,人类自身的出生和死亡却受着资本(CM)、环境(PM)以及食物(FM)三个主要子系统的影响,资本越多,物质生活就越充裕,能够降低出生的死亡率和延长寿命。环境则是通过空气、水等相关媒介对人类的健康起到影响,环境恶劣会降低人类的健康水平,减少人类的寿命。食物与环境类似,食物的健康程度也直接会影响到人类的健康。人口系统中值得一提的变量是拥挤指数(CR),这个指标的本质含义是指世界人口的相对拥挤程度,该指标能够直接导致资源消耗、环境污染并间接影响人类投资的重要影响因素。人口总则受到物质、事物、污染以及拥挤的影响,这基本体现出人口子系统与整个系统的互动,详情如图 7-2 所示。

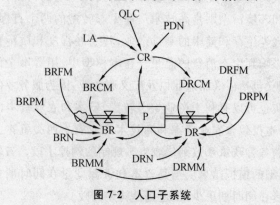

图 7-2 人口子系统

　　资源子系统是系统发展的约束子系统,其主要约束资本子系统的运行,但是资本子系统也会反过来消耗资源,此外人口的增多也会进一步消耗资源,所以资源子系统的主要影响动力是人口和资本,具体来看是由变量 P 和变量 ECIR 对其产生影响。所谓人均有效资本(ECIR)是世界用于物质(不含食物)的资源资本,这些资本依赖于自然资源和现有资本。而物质生活水平(MSL)是一个相对值,取决于当年人均有效资本与基年人均有效资本之间的比值。物质生活水平是有限资源子系统中非常重要的输出变量。有很多学者认为资源不一定是有限的,因为人类正在不断发明新的能源以及不断发现大规模的传统能源储藏地点。但是本书认为当前新能源的使用有几点需要考虑,比如核能的安全问题和太阳能的储藏问题等,这都会限制新能源的使用。另外,地球的总资源是有限的,当全部勘探完毕的时候再来感叹资源有限是没有意义的,所以假设在当前科技水平有限的前提下,资源的总量是一定的,这样会使模型的发展趋势必然崩溃,但如何使系统在经济和生态方面崩溃得更慢一点的结果则具有较强的政策指导意义。这样的假设更容易激发产业转型,并且提升消费者的环境道德。资源子系统流程图如图 7-3 所示。

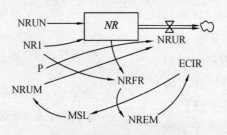

图 7-3　有限资源子系统

　　在资本子系统中,由于技术的不断进步,资本折旧(CID)较快。资本的折旧进一步影响人均资本(CIR),该变量是资本子系统中非常重要的一个输出变量。人均资本能够决定人类的物质生活是否确实有提高,此外人均资本还能够决定生态创新的能力,从而有可能降低资源消耗以及环境污染。资本投入影响因子(CIM)是指资源或者物质生活水平等因

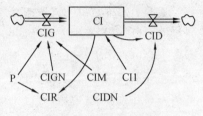

图 7-4　资本子系统

素对增加资本投入的影响方式和力度。系统详情如图 7-4 所示。

　　农业子系统是整个系统的基础保证系统,人类一切活动能源的提供系统,能直接影响到人的健康和数量。而之所以将资本与农业资本区分开来,是受到恩格尔系数思想的影响,恩格尔系数是指食品占整个消费的比例,这个比例越低说明消费者物质生活水平越高。物质生活质量(QLM)和食物生活质量(QLF)制约着生活质量的均衡度,潜在人均年食物占有是从人均农业资本角度来研究人均农业资本与人均食物占有之间的关联,这种关系必须通过一定的统计分析才能够明确。食物指数(FR)是农业子系统中重要的输出变量,能够体现于整个系统的互动,主要由拥挤食物影响因子(FCM)和污染食物影响因子(FPM)共同决定,农业子系统详情如图 7-5 所示。

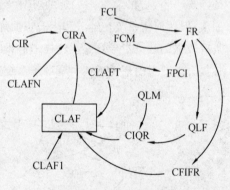

图 7-5　农业子系统

　　污染子系统是污染产生和治理之间的关系,这里主要不是强调产业与产业之间的协调作用,而是强调在产业协调的前提下依然无法处理的那些环境污染只能采取末端治理方式来解

决。污染指数(POLR)是为方便模拟,将有量纲的污染换为无量纲的相对数,是污染子系统中最重要的输出变量。生活质量污染因子(QLP)为增补变量,不作用于模型中的任何反馈环,污染子系统的详情如图 7-6 所示。

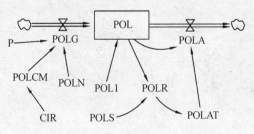

图 7-6　污染子系统

7.2.3　模型的流程图

通过对各个子系统的深入思考,并进行全面复杂的系统分析与设计,可以构建出有 5 个流位变量、28 个辅助变量及受其控制的 7 个流率变量的模型,如图 7-7 所示。依据该图可知各子系统是互相联动的。人口子系统中,人口直接影响着有限资源年消耗量、年投资额和人均资本、年污染排放以及拥挤食物因子,而这些因素分别制约着有限资源子系统、资本子系统、污染子系统以及农业子系统。在自然资源子系统中,物质生活水平通过出生率物质因子(BRMM)和死亡率物质因子(DRMM)制约着人口子系统,通过投资因子(CIM)制约资本子系统以及通过物质生活质量水平(QLM)制约农业子系统。在资本子系统中,通过有效人均资本(ECIR)制约有限资源子系统,通过人均农业资本(CIRA)制约农业子系统,通过污染排放因子(POLCM)制约污染子系统。在农业子系统中,主要通过出生率食物因子(BRFM)和死亡率食物因子(DRFM)制约人口子系统。在污染子系统中,通过出生率污染因子(BRPM)和死亡率污染因子(DRPM)制约人口子系统,通过食物污染因子(FPM)制约着农业子系统。

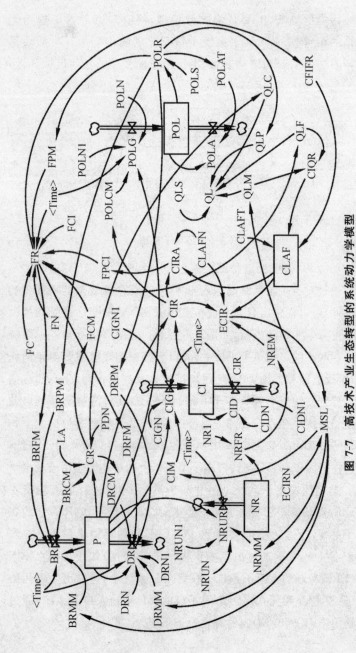

图 7-7 高技术产业生态转型的系统动力学模型

7.3　模型运行结果与检验

7.3.1　模型的运行结果

该模型的运行方式按照假设无生态规制和生态消费的情况下,企业无动力生态创新,消费者不会进行生态消费。从而整个系统的运行方式是按照传统经济增长方式运行。这样的运行方式的结果可以通过该模型的模拟进行预测,在此本书将按照传统经济的粗犷增长模式,运用 OECD 国家的统计数据进行模拟,结果详情如图 7-8 和图 7-9 所示(模型图片来自计量软件截图,其中 $1B = 10^9$)。产生这样结果的原因是因为当前世界并没有全面地意识到环境的重要性,使得经济的增长在 21 世纪达到一个极限,而后陷入突变,形成整个人类社会的衰退。

从图 7-8 中可以看出,人口的增长趋势一直会维持到 2020年,有可能达到峰值 55 亿。模型中的人口与实际人口存在巨大差异,这样的差异是由模型本身的设置所决定的,因为全球人口的实际数量虽然远超过 55 亿(2011 年估计为 70 亿),实际上能够大量消耗地球资源和破坏地球环境的人口并没有这么多,而能够这样的人口主要集中在发达国家和新兴发展中国家,这些国家的人口总和到 2020 年约为 55 亿(主要人口不包含非洲,因为非洲人口增加虽然快,但却消耗较少的资源和能源)。自从二战结束之后,人类的生活质量就开始逐步下降,这种下降趋势直到 2020 年才会基本稳定,这是因为 2020 年后全球人口总数下降,致使总体消耗有所降低的结果。由于整个经济的增长,污染会一直持续到 2050 年才会有所好转,并且下降速度较慢。从图 7-9 中可知,作为整体资本的自然资本(资源)和人造资本(资本)的演变趋势,可以看出自然资本是随着经济的发展而持续减少的,而人造资本却在经历了 150 年左右的增长后,也开始逐渐减少,造成这样的原因是由于环境的污染以及生活成本的提升引致人口的减少,因而能够创造的资本也会减少。可见在传统发展的模式下,无论是自然资本还是人造资本总会在某一个时刻共同减少,从整体上降低人类的总资本,这就存在着经济增长的极限。

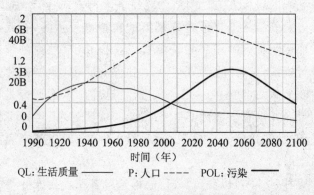

图 7-8 模型运行部分结果图

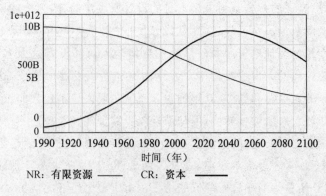

图 7-9 人类总资本的演变结果

从本质上看,这样结果的出现实际上还是由于人口无限制地增长,创造了更多的资本,但由于人类并没有意识到要节约资

源和保护环境形成生态消费,人口数量的增多只能引起更多的
食物、资源消耗和环境污染。此外,企业也由于缺乏生态规制,
片面追逐利润,难以进行生态创新以致进一步加剧资源和环境
的恶化。这样的结果说明,当前经济增长的方式必须转变,并且
已经迫在眉睫,接下来本书将试图通过对模型的调整,证明生态
规制、生态创新和生态消费存在的必要性。

7.3.2　模型的检验

在我国经济较为落后的地区,部分地方政府认为可以不顾
及当地的生态环境,依然按照传统发达国家走过的经济增长的
老路来发展经济(可参见我国落后地区的五年发展规划)。换言
之,通过单纯的经济投资先"填饱肚子"再解决环境问题,这样的
发展思路可以用本模型进行模拟。人均投资系数(CIGN)为
0.05,若从 2011 年开始提高到 0.07,整个系统会呈现如下的结果,如图 7-10～图 7-13 所示(图片均来自计量软件截图,其中
$1B=10^9$)。

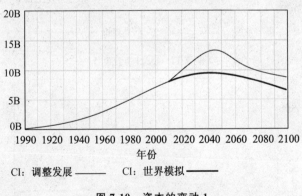

图 7-10　资本的变动 1

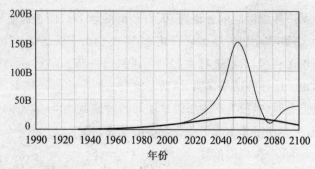

POL：调整发展 ——————— POL：世界模拟 ———————

图 7-11　污染的变动 1

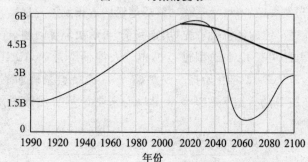

P：调整发展 ——————— P：世界模拟 ———————

图 7-12　人口的变动 1

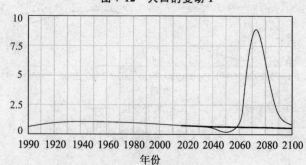

QL：调整发展 ——————— QL：世界模拟 ———————

图 7-13　物质生活质量的变动 1

　　由以上 4 图可见,由于人均投资系数的提高,促使资本总额(CI)得到提升进而经济得以增长,另外由于资本总量提升,科技进步在短期内能提高人类的总人数(P)。但是在经济增长的同时,环境却未受到较好的保护,工业废弃物的随意排放(POL)使得人类的健康受到极大的影响,缩短了人类的平均寿命,提高了人类患各种疾病的可能性,从而减少了人类的总人数。随着人类总人数的减少,人均的物质生活(QL)确实得到了提升,但人类必须面对一个恶劣的生存环境,这是典型的不可持续发展。另外这种恶劣的生存环境只有当人类的总人数下降到一定程度之后才能得到一些缓解,但这还是在环境可恢复的前提下才存在的,现实中是否存在这种可恢复性只有当情况恶化到那种程度之后才能做出科学的判定。

　　另外,还有一些人口学家也认为造成当前这种情况的原因是因为人口的过度膨胀,应当降低当前人口增长率,实行严格的计划生育政策①。这样人口降低后会减少能源的消耗以及对环境的破坏,从而为进一步实现可持续发展赢取时间。这样的建议在此也可以进行模拟,即对人口出生率(BR)进行控制,从 2011 年可先由原本的 0.04 降低到 0.03 进行模拟,模型运行结果分别如图 7-14、图 7-15、图 7-16 和图 7-17 所示(图片均来自计量软件截图,其中 $1B = 10^9$)。

---

①　Brown L. *Who Will Feed China? Wake-up Call for a small Planet*. Norton,1995.

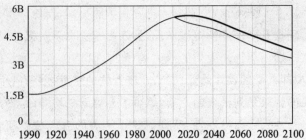

P：调整发展 ———— P：世界模拟 ————

图 7-14　人口的变动 2

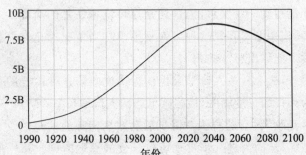

CI：调整发展 ———— CI：世界模拟 ————

图 7-15　资本的变动 2

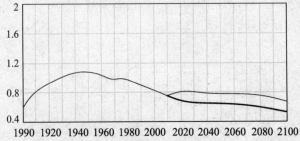

QI：调整发展 ———— QI：世界模拟 ————

图 7-16　物质生活质量的变动 2

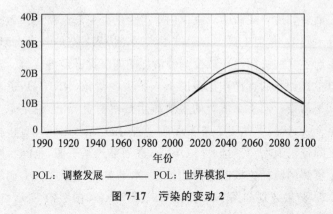

POL：调整发展 —————— POL：世界模拟 ——————

图 7-17　污染的变动 2

　　由以上 4 图可知,如果实现严格的计划生育政策,出生率由 0.04 降低为 0.03,那么人口(P)会在 2011 年后逐步降低。但从结果来看资本的存量并不会因为人口总数的降低而得以提升,换言之降低人口的出生率并不会提升或降低经济的增长速度。随着人口总数的降低,物质生活确实得以提升,却无法改变物质生活随时间降低的趋势。更为严重的是,人口总数的降低并没有降低污染总量,相反进一步提高了污染总量。导致这些结果的原因,是因为人口总数降低的同时最初的资本总额却没有发生变化,这能够提升人均资本的占有量,换言之单位企业家的资本得以提升。企业家拥有更多资本,能够开设更多的企业创造更多的市场需求,从而抵消由于人口总数降低而产生的市场萎缩带来的损失,并且人口总数的降低也使得单位劳工能获得的工资得以增加从而提升物质生活水平。但缺乏相关环境法律和环境道德的约束使得在企业数目增多的情况下产生更多的污染。这样的结果是人类在物质生活得以提升的同时,却不得不面临一个较为严峻的生存环境,虽然其严峻程度小于前一种情况,但这种状态依然不是可持续的。

　　根据本书思想,动力系统能推动高技术产业生态转型,其中生态消费是在生态规制的作用下逐步生成的,而生态创新是在生态消费和生态规制的双重作用下产生的。生态创新虽然包括部分末端治理,但主要内容是试图实现经济和生态的双赢,即通过生产要素的协调运作减少资源消耗的同时提升经济收益。这使得生态创新的直接作用是降低人均资源消耗(NRUN),进而降低了污染。而生态消费的主要作用是使消费者(无论是企业还是个人)选择那些更容易实现循环利用的产品,因此其直接作用是降低了人均污染排放(POLN),进而节约了资源,也间接降低了资源的消耗。根据这样的结果,本书将此二变量从 1 调整为 0.8,结果分别如图 7-18、图 7-19、图 7-20 和图 7-21 所示(图片均来自计量软件截图,其中 1B=10^9)。

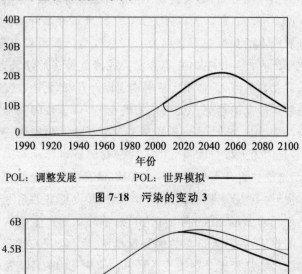

图 7-18　污染的变动 3

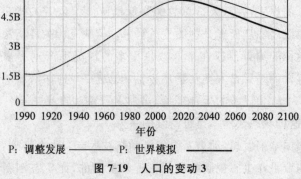

图 7-19　人口的变动 3

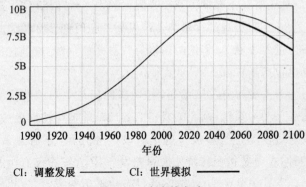

CI：调整发展 ——————　　CI：世界模拟 ——————

图 7-20　资本的变动 3

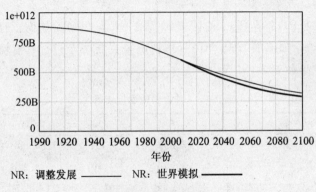

NR：调整发展 ——————　　NR：世界模拟 ——————

图 7-21　资源的变动 1

从以上 4 图可知,生态消费降低了污染使得污染在未来很长一段时间内处于与 2010 年相似的水平,因此人类的健康得以保证,人口总数得以上升。人口的上升促进了资本市场的活跃也提升了资本的总额,创造了更多的财富。虽然生态创新能够减少资源消耗速度,但创造财富的同时也会消耗资源,只是这种消耗被生态创新的作用抵消。虽然从模型中看,资本和资源依然会降低,但这是模型的设置原因,模型设置的是资源有限,并未考虑到传统资源的新发现以及新资源的利用等因素。换言之,本模型重点是考虑系统在不可持续的前提下如何能"持续得更长"。对比资源的数据可知,若同时进行生态创新和生态消费,在 2100 年时资源的存量与传统发展模拟时的 2082 年一致,即能够为世界争取 20 年的时间以寻找更多的资源,这既包括传统资源也包括新资源。

另一个需要解释的问题是,若生态创新与生态消费确实是属于同一个动力系统,则此二要素的变动就能产生协同效应,这也可以通过模型进行检验。这里假设四种方案,分别为 A,B,C,D 四种,A 方案按照传统发展思路发展,B 方案为仅有生态创新方案(NRUN 为 0.8),C 方案为仅有生态消费方案(POLN 为 0.8),D 方案为既有生态创新也有生态消费方案。那么可以检测人口(P)、资本(CI)、有限资源(NR)、污染(POL)这四个存量在系统未崩溃的 2050 年的具体情况来判断二者是否具有协同性,结果如表 7-1 所示。

表 7-1　4 种方案的运行结果

$1B=10^9$	A	B	C	D
P	4.86B	5.03B	5.11B	5.29B
CI	8.59B	8.95B	8.6B	8.96B
NR	407B	436.7B	407.5B	436.7B
POL	21B	23.1B	11.9B	12.9B

通过该表格能够看出,传统发展模式无疑是最差的发展方式,仅生态创新的系统虽然能够节约资源并创造财富,但却带来了更多的环境污染,这也是反弹效应的特点。而仅生态消费的系统虽然能够降低污染,却无法创造财富和节约资源。生态创新与生态消费的协同则成功实现二者优势互补,既创造财富又降低污染,并且还能养育更多的人口,这证明了二者确实存在协同以实现二因素无法单独实现的系统功能。

7.4 本章小结

本模型最初设计目的是为了解决中国高技术产业生态转型问题,但由于中国所涉及的数据在模拟时波动性很大,很多变量之间的关联性不强,难以构建适合的因果回路,所以放弃了中国数据,而选择世界数据来进行建模。另外,作为动力系统中的最重要的动力——生态规制的作用机制在本模型中尚未体现,其主要原因是难以具体量化生态规制对生态消费和生态创新的影响,所以暂未将生态规制的作用机制设计到模型中,只是以政策系数来对其进行简单的代替。这两个遗憾之处也将是本模型下一步发展的方向。

本模型假设资源有限为前提,虽然现实生活中不断有资源被发现或发明,但谨慎起见,模型的实际思想是在不可持续发展的前提条件下如何实现尽可能的相对可持续发展,为寻找新资源争取时间。而为了能够模拟出系统的发展趋势,本书借鉴了时空等价模型和 Logistic 模型的思想来进行建模。当前可持续发展观有很多,本模型列举两类观点进行模拟,一类是通过经济增长,在增长中解决环境问题,持该观点的主要是一些地方政府;另一类是减少人口增长,全面降低资源消耗和环境污染,赞同该观点的主要是一些人口学家。之所以选择这两类进行模拟,是因为在中国地方政府要求发展 GDP 和中央政府以单一GDP 为政绩考核方式是客观存在的,另外中国人口在 13.5 亿左右,是否应当通过降低人口出生率来缓解中国的资源和环境形势也是值得探讨的。但是通过本模型的模拟发现,这两类观点可能均不正确。模型的调整检验证明了真正的可持续发展可能需要科学地将生态创新和生态消费协同起来,使这两个动力互动产生更大的动力,促使经济生态转型从而实现可持续发展。

作为生态消费,重在消费偏好发生转变,前文已经阐述过需要道德手段和经济手段并用。相对于生态消费,实现生态创新则要难得多,因为要实现创新需要对人类未知领域进行长时间的探索,这是一个复杂而漫长的过程。

第8章 研究结论与展望

8.1 本书的主要观点和结论

本书深入研究了高技术产业生态转型动力系统的构成、作用机制及功能,运用产业生态理论、可持续发展理论、生态经济学理论以及系统动力学方法等相关理论方法对高技术产业生态转型进行了系统的研究;构建了高技术产业生态转型动力系统的研究框架,揭示了生态规制、生态消费和生态创新三个子系统之间互相作用机制和动力系统的功能,为加速高技术产业生态转型提供了新的思路,无疑具有重要的理论和现实意义。

全书主要有如下结论:

(1) 高技术产业生态转型是以高技术产业为主导的产业经济系统向产业生态经济系统转变的过程,即高技术产业生态化过程。其动力系统由生态规制、生态消费和生态创新三个子系统协同作用构成,其中生态规制和生态消费是产业外部动力,而生态创新则是产业内部动力。由于市场机制难以优化配置资源环境,生态规制动力作为资源环境配置的调控手段,成为动力系统的源动力;在生态规制的影响下,消费者的偏好逐步开始由传统消费向生态消费转变,这是动力系统的响应动力;企业在生态规制和生态消费的双重作用下逐步发现生态创新的商机使得生态创新不断涌现,是动力系统的承载动力。动力系统内部之间存在着协同作用,生态规制通过对生态创新和生态消费的作用机制及信息反馈使得生态规制能够不断地进行优化,而生态消费和生态创新之间的协同作用则能够在发挥这两个动力的优势同时,规避生态创新的反弹效应和生态消费的增长难题,实现单一动力无法实现的功能。

(2)生态规制是指政府为实现本国(地区)经济和生态的双赢,针对企业和市场制定的行之有效的政策集合,具有政府协同性、灵活互动性以及激励主导性三大特征。针对企业的生态规制可以通过六条路径促进生态创新:通过向企业暗示其资源使用的效率较低并指明可能的技术改进方向;通过收集与生态创新并获利有关的信息,使企业开始进行生态创新方面的尝试;通过降低生态创新获利的不确定性,使企业能够安心地投入生产要素进行生态创新;给企业一定的压力促使其进行生态创新和改进;规避了没有生态创新能力的企业,使已存在的企业注重进行生态创新以维持进入壁垒,防止潜在竞争者的进入;为生态创新的花费提供补助,使企业节约生态创新的成本,从而进一步提高了企业进行生态创新的主动性。而针对消费者的生态规制则主要是通过中长期和短期两类手段来逐步改变消费者的偏好,中长期手段的主要方式还是教育,这类教育能够从根本上让消费者知道资源和环境的重要性,而教育本身必须具备有实践的案例,尽可能地让消费者参与到教育中来,亲身体会到节约资源保护环境的益处,而不仅是在课本或电视上知道这些道理。短期的手段则主要是经济激励手段,这些手段要进行综合运用而不是单独运用某一个手段,在避免产生挤出效应的前提下改变消费者偏好,实现真正意义上的生态消费。

(3)生态消费是指人类在遵循可持续发展的基础上对整个自然资源及其产出进行有道德的消耗。消费者的动机与企业的动机不尽相同,生态规制对消费者的作用可能产生拥挤效应,因此生态消费需要按照一定原则来进行,包括公平原则、系统协调原则、效率原则与可控原则等。所有消费者均具有"经济"和"生态"的两面性,要针对这两种特征分别制定不同的措施对其进行引导,不应当片面强调消费者的"经济"面而无视其"生态"面以致滥用经济激励措施,也不应当强迫所有消费者都从"经济"向"生态"转型,因为这抹杀了人"有限理性"的基本特征。根据生态消费的原则及消费者的两面性,本书提出三种可能的合理途径来引导生态消费:一是从短期来看,环境道德主要依靠政府的宣传以及鼓励消费者的参与,而从长期来看,还是要依靠教育;二是通过立法的表达功能强化环境道德;三是实行政府补贴,虽然这个工具并不是非常有效。一旦真正的生态消费得以形成,使得消费者具备较高的环境道德,则使企业开始重视生态创新,并从中获益进而激发生态创新。

(4)生态创新是指显著提升人造和自然资本总利润的新产品、设备、工艺、技术或管理行为。生态创新从理论上可以通过企业和产业两个层面来实现优化资源环境配置和提升产业竞争力,最终完成高技术产业生态转型。但是由于生态创新存在"双重外部性"和"反弹效应",使得生态创新难以单独实现高技术产业生态转型。以中国高技术产业为例实证研究生态创新促进生态消费的可能性,借鉴知识生产函数和随机前沿生产函数进行建模分析发现,高技术产业的创新中有些产业能够节约能源消耗,而有的产业则不能,可见并不是所有高技术产业的创新均能节约能源消耗。这意味着创新不一定能够实现生态消费,其原因是在高技术产业中生态创新所占创新比例不同并且不同产业生态创新的反弹效应也不同,使得高技术产业的创新在不同的产业中对能源消耗的作用不同。因此只有生态创新才能节约能源消耗以及促进生态消费。

(5)高技术产业生态转型的动力系统模型由人口、污染、资源和资本以及其他辅助变量构成。污染、资源和资本表征产业生态转型的三个目标:保护环境、节约资源以及经济增长。人口是环境污染和资源消耗的主体,由于生态消费的直接作用是由于消费者对高污染产品进行抵制使得污染减少,而生态创新的直接作用是节约资源以节省企业成本使企业获益,所以以人均环境污染的降低和人均资源消耗的降低来表征生态创新和生态消费,通过政策调控系数来表征生态规制。通过模型的模拟发现,生态创新和生态消费的协同作用能够使得在经济更好的增长同时,优化资源环境配置,实现高技术产业生态转型,但单一动力作用时均无法实现该功能,从而论证了动力系统协同功能的存在。

8.2 本书的创新点

本书综合运用了产业经济学、创新经济学、产业生态学和系统动力学的理论和方法,重点研究高技术产业生态转型动力系统的构成和作用机制,主要有以下几点创新之处:

(1) 构建了高技术产业生态转型的动力系统,揭示了高技术产业生态转型的动力机制。高技术产业生态转型的动力系统由生态规制、生态消费和生态创新三个子系统协同作用构成。生态规制是高技术产业生态转型的原动力,通过六种方式推动生态创新,通过两种手段引导生态消费;生态消费为高技术产业生态转型的响应动力,受到生态规制的动力作用,消费者可能产生积极或消极响应,积极响应能使消费者由传统消费模式转向生态消费模式,拉动生态创新;企业在生态规制和生态消费的推动下开展生态创新,提升产业竞争力,占领经济持久增长的制高点,并能节约资源和保护环境,实现高技术产业生态转型。

（2）构建了高技术产业生态转型的系统动力学模型,模拟了生态创新与生态消费协同作用实现增长并同时规避反弹效应的机制。该模型由人口、资源、污染、资本以及农业资本拥有五个主要存量以及相应的流量、辅助变量构成,这五个主要变量分别表征人口现状、资源消耗、环境保护、经济增长以及人类赖以生存的食物。经济增长、资源节约和环境保护均是高技术产业生态转型的目标,而人类和食物则是经济系统得以存在的根基。生态创新的直接结果是降低人均资源消耗,并间接减少环境污染。生态消费的直接结果是降低人均污染,并间接减少资源消耗。据此模型设置人均资源消耗系数和人均污染系数,通过降低这两个变量系数的数值体现出生态创新和生态消费,进而运行模型发现其能够使经济增长更快、更节约资源以及更好地保护环境。运用 OECD 国家相关数据模拟发现,生态创新单独作用于系统时经济得以增长却产生更多污染,具有反弹效应;生态消费单独作用于系统时,虽然污染降低却使得经济发展无变化,只有生态创新和生态消费协同作用,才能够成功规避生态创新的反弹效应和生态消费的增长难题。

（3）对中国高技术产业的创新与能源消耗之间的关系进行了实证分析,揭示了生态创新促进生态消费的作用机制。运用知识生产函数和随机前沿函数,根据中国高技术产业统计数据,对中国高技术产业的能源消耗进行了技术分解。通过实证分析发现,并非所有的创新都能降低高技术产业的能源消耗,相反有的创新还可能增加能源的消耗,只有生态创新才会降低高技术产业的能源消耗。因此,要鼓励企业进行生态创新,从而促进生态消费,并避免其反弹效应,才能最终降低能源消耗。

8.3　研究展望

　　本书所阐述的动力系统实际上是对该系统的初探,很多内容均属于文字的阐述,在现阶段也难以进行定量研究。因此应当进一步深入研究动力之间的关联以及获得更多统计数据,如何量化动力因素,尤其是生态规制动力的量化将是本书的研究重点。另外为能够使生态创新动力更强,对生态创新的效率需要进行展开研究,以便清楚生态创新的投入与产出之间的关联并掌握效率不足的原因所在。

附录 A

本书的系统动力学模型总共有变量 60 个,很多均是采用 T21 模型的思想对变量所采取的数据无量纲化,这样方便统一计算。各变量的中文含义如表 A 所示:

表 A 系统动力学模型变量的中文含义

变量简称	中文含义	单位	变量简称	中文含义	单位
P	人口	人	BR	年出生人口	人/年
P1	人口初始值	人	BRN	正常情况下出生率	百分数/年
BRFM	出生率的食物因子	无	BRMM	出生率的物质因子	无
BRCM	出生率的拥挤因子	无	BRPM	出生率的拥挤因子	无
MSL	物质生活水平	无	ECIR	人均有效资本	资本/人
ECIRN	正常人均有效资本	资本/人	CIAF	农业资本比重	无
NREM	自然资源采掘因子	无	CIAFN	正常农业资本比重	无
NR	自然资源	资源	NR1	自然资源初始值	资源

变量简称	中文含义	单位	变量简称	中文含义	单位
NRUR	自然资源年消耗	资源/年	NRUN	正常人均资源消耗	资源/(人·年)
NRMM	资源消耗物质因子	无	DRN	正常死亡率	百分数/年
DRMM	死亡率的物质因子	无	DRPM	死亡率的污染因子	无
DRFM	死亡率的食物因子	无	DRCM	死亡率的拥挤因子	无
POLR	污染指数	无	FR	食物指数	无
CR	拥挤指数	无	LA	土地面积	平方公里
PDN	正常人口密度	人/平方公里	FRCI	潜在人均食物占有量	食物/(人·年)
FCM	食物的拥挤因子	无	FPM	食物的污染因子	无
FC1	食物系数	无	FN	正常人均食物占有量	食物/(人·年)
CIRA	人均农业资本指数	资本/人	CI	资本总量	资本
CIG	投资	资本	CID	资本折旧	资本
CI1	资本总量初始值	资本	CIM	投资因子	无
CIGN	正常人均投资	资本/(人·年)	CIDN	正常折旧率	百分数/年
POL	污染总量	污染	POLS	污染基准量	污染
POLA	年污治理量	污染/年	POLG	年污染排放量	污染/年

变量简称	中文含义	单位	变量简称	中文含义	单位
POL1	污染初始值	污染	POLN	正常人均污染排放	污染/(人·年)
POLCM	资本的污染因子	无	POLAT	污染治理时间	年
CLAFT	农资比重调整时间	年	CFIFR	农资比重食物因子	无
CIQR	农资比中生活因子	无	CIAF1	农资比重初始值	无
QL	生活质量	满意单位	QLS	基准生活质量	满意单位
QLM	生活质量物质因子	无	QLC	生活质量拥挤因子	无
QLF	生活质量食物因子	无	QLP	生活质量污染因子	无

附录 B

模型所采用的数据均是来自 OECD 的经济数据,详细的数据可参见 OECD 官方网站。而在此将系统动力学模型所涉及的表函数列出,以方便大家进一步深入的研究,见表 B-1 至 B-17。

表 B-1 MSL 对 BRMM 的作用函数

MSL	0	1	2	3	4	5
BRMM	1.2	1	0.85	0.75	0.7	0.7

表 B-2 NRFR 对 NREM 的作用函数

NRFR	0	0.25	0.5	0.75	1
NREM	0	0.15	0.5	0.85	1

表 B-3 MSL 对 NRMM 的作用函数

MSL	0	1	2	3	4	5	6	7	8	9	10
NRMM	0	1	1.8	2.4	2.9	3.3	3.6	3.8	3.9	3.95	4

表 B-4 MSL 对 DRMM 的作用函数

MSL	0	0.5	1	1.5	2	2.5	3	3.5	4	4.5	5
DRMM	3	1.8	1	0.8	0.7	0.6	0.53	0.5	0.5	0.5	0.5

表 B-5 POLR 对 DRPM 的作用函数

POLR	0	10	20	30	40	50	60
DRPM	0.92	1.3	2	3.2	4.8	6.8	9.2

表 B-6 FR 对 DRFM 的作用函数

FR	0	0.25	0.5	0.75	1	1.25	1.5	1.75	2
DRFM	30	3	2	1.4	1	0.7	0.6	0.5	0.5

表 B-7 CR 对 DRCM 的作用函数

CR	0	1	2	3	4	5
DRCM	0.9	1	1.2	1.5	1.9	3

表 B-8 FR 对 BRFM 的作用函数

FR	0	1	2	3	4
BRFM	0	1	1.6	1.9	2

表 B-9 POLR 对 FPM 的作用函数

POLR	0	10	20	30	40	50	60
FPM	1.02	0.9	0.65	0.35	0.2	0.1	0.05

表 B-10 CIR 对 POLCM 的作用函数

CIR	0	1	2	3	4	5
POLCM	0.05	1	3	5.4	7.4	8

表 B-11 POLR 对 POLAT 的作用函数

POLR	0	10	20	30	40	50	60
POLAT	0.6	2.5	5	8	11.5	15.5	20

表 B-12　FR 对 CFIFR 的作用函数

FR	0	0.5	1	1.5	2
CFIFR	1	0.6	0.3	0.15	0.1

表 B-13　MSL 对 QLM 的作用函数

MSL	0	1	2	3	4	5
QLM	0.2	1	1.7	2.3	2.7	2.9

表 B-14　CR 对 QLC 的作用函数

CR	0	0.5	1	1.5	2	2.5	3	3.5	4	4.5	5
QLC	2	1.3	1	0.75	0.55	0.45	0.38	0.3	0.25	0.22	0.2

表 B-15　FR 对 QLF 的作用函数

FR	0	1	2	3	4
QLF	0	1	1.8	2.4	2.7

表 B-16　POLR 对 QLP 的作用函数

POLR	0	10	20	30	40	50	60
QLP	1.04	0.85	0.6	0.3	0.15	0.05	0.02

表 B-17　QLM/QLF 对 CIRQ 的作用函数

QLM/QLF	0	0.5	1	1.5	2
CIQR	0.7	0.8	1	1.5	2

参 考 文 献

［1］国家发改委高技术产业司。http://gjss. ndrc. gov. cn/。

［2］国家统计局工业交通司:《中国能源统计年鉴2010》,中国统计出版社,2010年。

［3］国家统计局,环境保护部:《中国环境统计年鉴2010》,中国统计出版社,2010年。

［4］联合国环境规划署:《中国绿色经济展望2010—2050》,2009年。

［5］国民经济和社会发展第十二个五年规划。http://www. chinacourt. org/html/article/201010/28/433483. shtml。

［6］吉田文和:《高技术污染》,中国环境出版社,1998年。

［7］夏太涛,倪杰,张玉赋:《发达国家高新技术产业环境污染基本情况研究》,《科学学与科学技术管理》,2005年第4期。

［8］张玉赋:《江苏省高新技术产业污染情况调查及对策研究》,《中国科技论坛》,2006年第1期。

［9］张婷:《警惕新的污染源:高技术污染》,《科技进步与对策》,2001年第9期。

［10］张小兰:《对高新技术产业污染特殊性的思考》,《科技管理研究》,2009年第10期。

［11］蔡乾和,陈艳丽:《科技进步与高科技污染的关系初探》,《理论月刊》,2004年第11期。

［12］关劲峤,黄贤金,朱德明,等:《高科技污染问题及驱

动力模型研究》,《中国人口资源与环境》,2005 年第 4 期。

〔13〕张攀,耿涌,姜艳玲:《高新技术产业园生态建设模式研究》,《科技进步与对策》,2008 年第 8 期。

〔14〕胡汉辉,汪朗峰:《我国高技术产业和制造业种群演化规律的生态研究》,《科学学研究》,2009 年第 10 期。

〔15〕Jelinski L,Graedel E,et al. Industrial ecology:concepts and approaches. *Proceedings of the National Academy of Sciences*,1992(89).

〔16〕Ehrenfeld J,Gertle N. Industrial ecology in practice:the evolution of inter-dependence at kalundborg. *The Journal of Industrial Ecology*,1997(1).

〔17〕Lifset R,Graedel E. *Industrial ecology:goals and definitions*. Edward Elgar Publishing Ltd. ,2002.

〔18〕Korhonen J. Some suggestions for regional industrial ecosystems. *Eco-Management and Auditing*,2001(1).

〔19〕Lambert A,Boons F. Eco-industrial Parks:stimulating sustainable development in mixed industrial parks. *Technovation*,2002(8).

〔20〕Chertow R. Industrial symbiosis:literature and taxonomy. *Annual Review of Energy and Environment*,2000(3).

〔21〕郭莉,苏敬勤,徐大伟:《基于哈肯模型的产业生态系统演化机制研究》,《中国软科学》,2005 年第 11 期。

〔22〕刁晓纯,苏敬勤:《基于序参量识别的产业生态网络演进方式研究》,《科学学研究》,2008 年第 6 期。

〔23〕张攀,耿涌:《产业生态系统多样性发展机制研究》,《中国软科学》,2008 年第 6 期。

〔24〕赵玉林,陈静:《高技术产业生态系统的自组织演化机制与发展对策》,《武汉理工大学学报(社会科学版)》,2003 年

第 5 期。

［25］陈静，赵玉林：《美国加州高技术园区的生态系统分析及启示》，《武汉理工大学学报》，2002 年第 7 期。

［26］Feurer C. Defining competitiveness：a holistic approach. *Management Decision*，1994(2)。

［27］樊海林，程远：《产业生态：一个企业竞争的视角》，《中国工业经济》，2004 年第 3 期。

［28］Porter M，Linde C. Toward a new conception of the environment competitiveness. *Journal of Economic Perspective*，1995(4)。

［29］Landis Gabel，Sinclair-Desgagné. The firm, its routines and the environment. In：Tietenberg，Folmer. *The international yearbook of environmental and resource economics 1998/1999*. Edward Elgar Publishing Ltd. ，2000。

［30］Hart S. A natural-resource-based view of the firm. *Academic Management Review*，1995(4)。

［31］Schaltegger S，Synnestvedt T. The link between "green" and economic success. *Journal of Environment Management*，2002(4)。

［32］Jaffe A，Newell R. Environmental policy and technological change. *Environmental Economic Research*，2002(5)。

［33］Bansal P. Evolving sustainably：a longitudinal study of corporate sustainable development. *Strategic Management Journal*，2005(3)。

［34］Johnstone N. *Environmental policy and corporate behaviour*. Edward Elgar Publishing Ltd. ，2007。

［35］Rehfeld M，Rennings，et al. Integrated product policy and environmental product innovations：an empirical analysis. *Ecological Economics*, 2011(4).

[36] Palmer K, Oates E, et al. Tightening the environmental standards: the benefit-cost or the no-cost paradigm? *Journal of Economic Perspectives*, 1995(9).

[37] Jaffe A, Newell G, et al. A tale of two market failures: technology and environmental policy. *Ecological Economics*, 2005(8).

[38] Thierry B, Pierre J. Environmental innovation and the cost of pollution abatement revisited. *Ecological Economics*, 2008(2).

[39] Rennings K. Redefining innovation eco-innovation research and the contribution from ecological economics. *Ecological Economics*, 2000(2).

[40] Ayres R. On the life cycle metaphor: where ecology and economics diverge. *Ecological Economics*, 2004(4).

[41] Grigg D. *Green revolution, international encyclopedia of the Social & Behavioral Sciences*. Oxford, 2004.

[42] Hart R. Growth, environment and innovation—a model with production vintages and environmentally oriented research. *Journal of Environmental Economics and Management*, 2004(11).

[43] Greaker M. Spillovers in the development of new pollution abatement technology: a new look at the Porter-hypothesis. *Journal of Environmental Economics and Management*, 2006(7).

[44] Beise M, Rennings K. Lead markets and regulation: a framework for analyzing the international diffusion of environmental innovations. *Ecological Economics*, 2005(1).

［45］ Huppes G，M Ishikawa. Eco-effciency guiding micro-level actions towards sustain- ability：ten basic steps for analysis. *Ecological Economics*，2009(4).

［46］王慧：《我国生态创新产业发展问题的探讨》，《生态经济》，2005 年第 11 期。

［47］Wagner M. Empirical influence of environmental management on innovation：evidence from Europe. *Ecological Economics*，2008(6).

［48］Carmen E，Carrión，et al. Environmental innovation and environmental performance. *Journal of Environmental Economics and Management*，2010(1).

［49］Frondel M，Horbach J. What triggers environmental management and innovation? Empirical evidence for Germany. *Ecological Economics*， 2008(5).

［50］Tsur Y，Zemel A. The Regulation of Environmental Innovations. *Journal of Environmental Economics and Management*，2002(9).

［51］Nameroff R，J Garant，M Albert. Adoption of green chemistry：an analysis based on US patents. *Research Policy*，2004(9).

［52］Naghavi A. Can R&D-inducing green tariffs replace international environmental regulations? *Resource and Energy Economics*，2007(11).

［53］Yousef Eiadat，et al. Green and competitive? An empirical test of the mediating role of environmental innovation strategy. *Journal of World Business*，2008(3).

［54］Akira Onishi. A new challenge to economic science：global model simulation. *Journal of Policy Modeling*，2010(1).

［55］Bretschger L. Economics of technological change and the natural environment：how effective are innovations as a remedy for resource scarcity？ *Ecological Economics*,2005(8).

［56］Sartorius C. Second-order sustainability conditions for the development of sustainable innovations in a dynamic environment. *Ecological Economics*,2006(11).

［57］Wang Heli，WeiRu Chen. Is firm-specific innovation associated with greater value appropriation? The roles of environmental dynamism and technological diversity. *Research Policy*,2010(2).

［58］Steven L. The strategic use of innovation to influence regulatory standards. *Journal of Environmental Economics and Management*,2006(11).

［59］Jan Nill，René Kemp. Evolutionary approaches for sustainable innovation policies：from niche to paradigm? *Research Policy*,2009(5).

［60］Andreas L. Technological change in economic models of environmental policy：a survey. *Ecological Economics*,2002(12).

［61］Zwaan C,Gerlagh R,et al. Endogenous technological change in climate change modeling. *Energy Economics*,2002(1).

［62］David Popp. Lessons from patents：using patents to measure technological change in environmental models. *Ecological Economics*,2005(8).

［63］张剑春：《生态消费与我国企业推行 ISO14000 的内在动力分析》,《中国标准化》,2000 年第 10 期。

［64］曾坤生：《论生态需要与生态消费》,《生态经济》,

1999 年第 6 期。

［65］柏建华：《生态消费行为及其制度构建》,《消费经济》,2005 年第 1 期。

［66］Grossman M,Krueger A. Economicgrowth and the environment. *Quarterly Journal of Economics*,1995(2).

［67］Hertwich G. Consumption and industrial ecology. *Journal of Industrial Ecology*,2005(1).

［68］邱耕田：《生态消费与可持续发展》,《自然辩证法研究》,1999 年第 7 期。

［69］高文武,关胜侠：《实践消费生态化的主要目的》,《武汉大学学报(人文科学版)》,2009 年第 11 期。

［70］Rees W E. Ecological footprint and appropriated carrying capacity：what urban economics leaves out. *Environment and Urbanization*,1992(2).

［71］Wackernagel M,Rees W E. Our ecological footprint：reducing human impact on the earth. *New Society Publishers*,1996.

［72］Wackernagel M,Rees W E. Perceptual and structural barriers to investing in natural：economics from an ecological footprint perspective. *Ecological Economics*,1997(20).

［73］Trista M,Patterson. Beyond "more is better"：ecological footprint accounting for tourism and consumption in Val di Merse，Italy. *Ecological Economics*，2007(5).

［74］Thomas W,Jan M,John B,Mathis W. Allocating ecological footprints to final consumption categories with input-output analysis. *Ecological Economics*,2006(1).

［75］Victor P A. *Managing without growth：slower by design，not disaster*. Edward Elgar Publishing Ltd. ,2008.

[76] Manfred L, Joy M. Shared producer and consumer responsibility—theory and practice. *Ecological Economics*, 2007(2).

[77] Rodrigues J, Domingos T. Consumer and producer environmental responsibility: comparing two approaches. *Ecological Economics*, 2008(6).

[78] Philippe M. Signaling the environmental performance of polluting products to green consumers. *International Journal of Industrial Organization*, 2008(1).

[79] Sangeeta Bansal. Choice and design of regulatory instruments in the presence of green consumers. *Resource and Energy Economics*, 2008(8).

[80] Luuk K, Roldan M, et al. Too poor to be green consumers? A field experiment on revealed preferences for firewood in rural Guatemala. *Ecological Economics*, 2009(5).

[81] Alex C, Peter H, et al. Consumer support for environmental policies: an application to purchases of green cars. *Ecological Economics*, 2009(5).

[82] Karine N, Richard B. Green consumers and public policy: on socially contingent moral motivation. *Resource and Energy Economics*, 2006(11).

[83] Clinton A, David D. Green niche market development. *Journal of Industrial Ecology*, 2009(2).

[84] Boon A, Bass W. Types of industrial ecology: the problem of coordination. *Journal of Cleaner Production*, 1997 (1—2).

[85] Ayres R. Creating industrial ecosystems: a viable management strategy. *International Journal of Technology*

Management,1996(5－6).

［86］Green K,Randles S. *Industrial ecology and space of innovation*. Edward Elgar Publishing Ltd. ,2006.

［87］UK Cabinet Office. Resource productivity. http：// www. cabinetoffice. gov. uk/resource-library/uk-government-ict-strategy-resources.

［88］Wellmer F. Sustainable development and the exploitation of mineral and energy resources：a review. *International Journal of Earth Sciences*,2002(4).

［89］王贵明：《产业生态与产业经济——构建循环经济之基石》,南京大学出版社,2008 年。

［90］徐浩然,许萧迪,王子龙：《产业生态圈构建中的政府角色诊断》,《中国行政管理》,2009 年第 8 期。

［91］黄志斌,王晓华：《产业生态化的经济学分析与对策探讨》,《华东经济管理》,2000 年第 3 期。

［92］宫本宪一：《环境经济学》,三联书店,2004 年。

［93］王如松：《资源、环境与产业生态转型的复合生态系统研究》,《系统工程理论与实践》,2003 年第 2 期。

［94］马国强,靳香邻：《发展循环经济需要政府投资主导》,《中国财政》,2006 年第 12 期。

［95］谢家平,孔令丞：《循环经济与生态产业园区：理论与实践》,《管理世界》,2005 年第 2 期。

［96］刘邦凡：《论社会生态系统转型及其地方政府管理职能定位与体制变革》,《中国行政管理》,2006 年第 11 期。

［97］于进川：《政府竞争困境对生态文明区域实现的制约与破解》,《求索》,2009 年第 8 期。

［98］荀丽丽,包智明：《政府动员型环境政策及其地方实践》,《中国社会科学》,2007 年第 5 期。

［99］王健:《我国生态补偿机制的现状及管理体制创新》,《中国行政管理》,2007 年第 11 期。

［100］张锦高:《政府发展循环经济应注意的几个问题》,《中国行政管理》,2007 年第 3 期。

［101］Schumpeter J. *The theory of economic development*. Harvard University Press,1912.

［102］Utterback J. *Mastering the dynamics of innovation*. Harvard Business School Press,1994。

［103］Solow. A contribution to the theory of economic growth. *Quarterly Journal of Economics*,1956(2).

［104］Freeman C,Soete L. *The economics of industrial innovation*. Creative Print and Design,1997.

［105］North D. *Institutions,institutional change and economic performance*. Cambridge University Press,1990.

［106］Friedrich List. *The National System of Political Economy*. Longmans,1909.

［107］Nelson R. *National System of Innovation:a comparative study*. Oxford University Press,1993.

［108］Porter M. *The competitive advantage of nations*. Free Press,1990.

［109］赵彦云:《中国产业竞争力研究》,经济科学出版社,2009 年。

［110］Arthur B. Positive feedbacks in economy. *Scientific American*,1990(2).

［111］董锁成:《经济地域运动论》,科学出版社,1994 年。

［112］刘明君:《经济发展理论与政策》,经济科学出版社,2004 年。

［113］钱阔,陈绍志:《自然资源资产化管理——可持续发

展的理想选择》,经济管理出版社,1996 年。

[114] 牛文元:《可持续发展导论》,科学出版社,1994 年。

[115] World Commission of Environment and Development. Our common future. Oxford University Press,1987.

[116] 托马斯·安德森:《环境与贸易——生态、经济、体制和政策》,清华大学出版社,1998 年。

[117] Costanza R,Cumberland J. *An introduction to Ecological Economics*. St. Lucie Press,1997.

[118] Dragun A K, Tisdell C. *Sustainable agriculture and environment*. Edward Elgar Publishing Ltd. ,1999.

[119] Pearce D,Barbier E. *Blueprint for sustainable economy*. Earthscan Publications Ltd. ,2000.

[120] Edwards G,Davies B, Hussain S. *Ecological economics: an introduction*. Blackwell Science Ltd. ,2000.

[121] Perman R,Ma Yue. *Natural resources and environmental economics*. Pearson Education Ltd. ,1999.

[122] Solow R. On the intergenerational allocation of natural resources. *Scandinavian Journal of Economics*,1986(1).

[123] Common M,Perrings C. Towards an ecological economics of sustainability. *Ecological Economics*,1992(1).

[124] 顾朝林:《中国高技术产业与园区》,中信出版社,1998 年。

[125] 魏心镇:《新的产业空间》,北京大学出版社,1993 年。

[126] 李悦:《产业经济学》,中国人民大学出版社,1998 年。

[127] 郭励弘:《高技术产业:发展规律与风险投资》,中国发展出版社,2000 年。

[128] 张培刚:《发展经济学教程》,经济科学出版社,2001 年。

[129] 苗泽华,等:《生态设计——21 产品设计的主旋律》,《商业研究》,2003 年第 12 期。

[130] 徐建中,邱尔卫:《浅析绿色企业文化》,《商业研究》,2006 年第 12 期。

[131] Peattie K. *Rethinking marketing*: *shifting to a greener paradigm*. Greenleaf Publishing,1999.

[132] 吴俊杰:《我国企业绿色营销问题与对策探析》,《生态经济》,2010 年第 12 期。

[133] Kravis I. Trade as a hand-maiden of growth: similarities between the 19th and 20th Centuries. *Economic Journal*,1970(12).

[134] Stiglitz J. *Economics of the public sector*. Norton & Company,1988.

[135] Nicola A. *The foundation of economics policy*: *values and techniques*. Cambridge University Press,1998.

[136] Magill M,Quinzii M. *Theory of incomplete market*. MIT Press, 1996.

[137] 黄有光:《福利经济学》,茂昌图书有限公司,1999 年。

[138] Spulber F. *Regulation and market*. MIT press,1989.

[139] Kasper W,Streit M. *Institutional economics*: *social order and public policy*. Edward Elgar Pubishing Ltd. ,1998.

[140] Baumol W J. On the proper cost tests for natural monopoly in a multiproduct industry. *American Economic Review*, 1977(12).

[141] Hardin G. *The tragedy of the commons*. Science,1968.

[142] Ostrom E. Coping with tragedies of the commons. *Annual Review of Political Science*,1999(2).

[143] Sterner T. Policy instruments for environmental and natural resource management. *Resource for the Future*,2002.

[144] Bengtsston J,Ahnstrom J,Weibull,A. The effects of organic agriculture on biodiversity and abundance：a meta-analysis. *Journal of Applied Ecology* 2005(2).

[145] 阿尼尔·马康德雅,等:《环境经济学辞典》,朱启贵译,上海财经大学出版社,2006 年。

[146] 史普博:《管制与市场》,余晖等译,上海三联书店,上海人民出版社,1999 年。

[147] Heijdra B,Kooiman P. Environmental quality,the macroeconomy, and intergenerational distribution. *Resource and Energy Economics*,2006.

[148] 王俊豪:《管制经济学在中国的发展前景》,《光明日报》,2007 年 7 月 31 日。

[149] 植草益:《微观规制经济学》,朱绍文译,中国发展出版社,1992 年。

[150] Stephen J. Why do profitable energy-saving investment project languish? In：*The 2nd research conference of green of industry network*. MIT Press,1993.

[151] Gerald P. Reducing wastes can be cost-effective. *Chemical Engineering*,1990(7)。

[152] Myers N. Consumption：challege to sustainable development. *Science*,1997(4)。

[153] UNEP. Element for polices for sustainable consumption. http：//www. un. org/esa/dsd/resources/res_pdfs/csd－19/Background-paper-5-SCP-DSD. pdf.

[154] 厉以宁:《经济学的伦理问题》,三联出版社,1995 年。

[155] 徐嵩龄:《环境伦理学进展:评论与阐释》,社会科学

文献出版社,1999 年。

[156] Frey S. *Economics as a science of human behaviour*: *towards a new social science*. Kluwer Academic Publishers,1999.

[157] Diekmann A,Peter P. Green and greenback: the behavioral effects of environmental attitudes in low-cost and high-cost situations. *Rationality and Society*,2003(4).

[158] OECD. Integrating environment and economics: The role of economic instruments. http: // www. vki. hu/~ tfleisch/PDF/pdf97/PROHUN_ 970630an. pdf.

[159] Frey B. A constitution for knaves crowds out civic virtues. *Economic Journal*, 1997(7).

[160] Mueller D. *Perspectives on public choice*. Cambridge University Press,1997.

[161] Geen R. Social motivation. *Annual Review of Psychology*,1991(2).

[162] Lepper M,Greene D. *The hidden costs of reward*: *new perspectives on the psychology of human motivation Erlbaum*,1978.

[163] Frey B. Morality and rationality in environmental policy. *Journal of Consumer Policy*,1999(4).

[164] Fama F,Jensen C. Separation of ownership and control. *Journal of Law and Economics*,1983(6).

[165] Barkema H. Do job executives work harder when they are monitored. *Kyklos*,1995(1).

[166] Rotter J. Generalized expectancies for internal versus external control of reinforcement. *Psychological Monographs*,1966(1).

[167] Rousseau D. *Psychological contracts in organiza-*

tions. Sage,1995.

[168] Grant R. Toward a knowledge — based theory of the firm. *Strategic Management Journal*, 1996(Winter Special Issue).

[169] Tietenberg T. Emissions trading: an exercise in reforming pollution policy. *Resources for the Future*,1985.

[170] Kelman S. *What price incentives? Economists and the environment*. Auburn House Pub. Co. ,1981.

[171] Thøgersen J. Monetary incentives and environmental concern: effects of a differentiated garbage fee. *Journal of Consumer Policy*,1994(4).

[172] Kagel J,Roth A. *Handbook of experimental economics*. Princeton University Press,1995.

[173] Europe Union. Competitiveness and innovation framework programme eco-innovation userguide. http: // ec. europa. eu/environment/etap/files/ guidelines_for_ cip_eco_ innovation. pdf.

[174] Arundel A,Kemp R. Measuring eco — innovation, UNU-MERIT working paper series ♯ 2009 — 017. http: // www. merit. unu. edu/publications/wppdf/2009/wp2009 — 017. pdf.

[175] Rennings K, Zwick T. *Employment impacts of cleaner production*. Physica-Verlag, 2003.

[176] Horbach J. Determinants of environmental innovation-new evidence from German panel data sources. *Research Policy*,2006(1).

[177] Sandra R,Stelios Z. Determinants of environmental innovation adoption in the printing industry. A research mono-

graph of the Printing Industry Center at RIT. http：// print. rit. edu/pubs/picrm200304. pdf.

[178] Oltra V, Saint M. Incrementalism of environmental innovations versus paradigmatic change：a comparativestudy of the automotive and chemical industries. http：// www. business. mmu. ac. uk/emaee/papers/41Oltra&. Saint Jean. pdf.

[179] Scott T. *Environmental research and development：US industrial research, the Clean Air Act and environmental damage*. Edward Elgar Publishing Ltd. ,2003.

[180] Taylor M. Beyond technology-push and demand-pull：lessons from California's solar policy. *Energy Economics*, 2008(6).

[181] Huppes G, Ishikawa M. Eco-effciency guiding micro-level actions towards sustainability：yen basic steps for analysis. *Ecological Economics*,2009(2).

[182] Kleijn R, Kramer G. Material constraints of selected energy pathways. http：// www. cml. leiden. edu/research/industrialecology/Researchprojects/finish-ed/mate-rial-constraints. html.

[183] Elshkaki A. System analysis of stock buffering：development of a dynamic substance flow-stock model for the identification and estimation of future resources, waste streams and emissions. http：// cml. leiden. edu/research/industrialecology/research /publications-ie. html.

[184] Duchin F. A world trade model based on comparative advantage with m regions, n goods, and k factors. *Economic Systems Research*,2005(2).

[185] Esty C, Porter M. Industrial ecology and competi-

tiveness: strategic implications for the firm. *Journal of Industrial Ecology*, 1998(1).

[186] 赵玉林,魏芳:《高技术产业发展对经济增长带动作用的实证分析》,《数量经济技术经济研究》,2006 年第 6 期。

[187] 赵玉林,张钟芳:《高技术产业发展对产业结构优化升级作用的实证分析》,《科研管理》,2008 年第 3 期。

[188] 史丹,张金隆:《产业结构变动对能源消费的影响》,《经济理论与经济管理》,2003 年第 8 期。

[189] 林伯强,姚昕,刘希颖:《节能和碳排放约束下的中国能源结构战略调整》,《中国社会科学》,2010 年第 1 期。

[190] Khazzomm J. Economic implications of mandated efficiency standards for household appliances. *Energy Journal*, 1980(4).

[191] Huppes G, Ishikawa M. Eco-efficiency guiding micro-level actions towards sustainability: ten basic steps for analysis. *Ecological Economics*, 2009(6).

[192] 王如松:《资源、环境与产业转型的复合生态管理》,《系统工程理论与实践》,2003 年第 2 期。

[193] Walker W. Information Technology and Energy Supply. *Energy Policy*, 1986(6).

[194] Newell G, Jaffe A, Stavin R, The effects of economic and policy incentives on carbon mitigation technologies. *Energy Economics*, 2006(5—6).

[195] Shama A. Energy conservation in US buildings: solving the high potential/low adoption paradox from a behavioural perspective. *Energy Policy*, 1983(2).

[196] DeCanio J. The efficiency paradox: bureaucratic and organizational barriers to profitable energy-saving invest-

ments. *Energy Policy*, 1998(5).

[197] Smulders S, Nooij M. The impact of energy conservation on technology and economic growth. *Resource and Energy Economics*, 2003(1).

[198] Boucekkine A, Pommeret A. Energy saving technical progress and optimal capital stock: the role of embodiment. *Economic Modelling*, 2004(3).

[199] Kounetas K, Tsekouras K. The energy efficiency paradox revisited through a partial observability approach. *Energy Economics*, 2008(5).

[200] DeGroot H, Verhoef F, Nijkamp E. Energy saving by firms: decision-making, barriers and policies. *Energy Economics*, 2001(6).

[201] Bjørner B, Jensen H. Energy taxes, voluntary agreements and investment subsidies-a micro-panel analysis of the effect, on danish industrial companies' energy demand. *Resource and Energy Economics*, 2002(3).

[202] 李廉水,周勇:《技术进步能提高能源效率吗》,《管理世界》,2006 年第 10 期。

[203] Herring H, Robin R. Technological innovation, energy efficient design and the rebound effect. *Technovation*, 2007(4).

[204] 史丹,吴利学,等:《中国能源效率地区差异及其成因研究》,2008 年第 2 期。

[205] Kounetas K, Kostas T. Are the energy efficiency technologies efficient? *Economic Modelling*, 2010(1).

[206] Solow R. A contribution to the theory of economic growth. *Quarterly Journal of Economics*, 1956(1).

[207] Farrell J. The measurement of productive efficiency. *Journal of the Royal Statistical Society*,1957(1).

[208] Aigner J,Lovell K,Schmidt P. Formulation and estimation of stochastic frontier production function models. *Journal of Econometrics*,1977(1).

[209] Kumbhakar S,Lovell A. *Stochastic frontier analysis*. Cambridge University Press,2000.

[210] 傅晓霞,吴利学:《技术效率、资本深化与地区差异》,《经济研究》,2006 年第 10 期。

[211] 郑若谷,干春晖,余典范:《转型期中国经济增长的产业结构和制度效应》,《中国工业经济》,2010 年第 2 期。

[212] Nelson R. *National innovation systems：a comparative analysis*. Oxford University Press,1993.

[213] Griliches Z. Issues in assessing the contribution of R&D to productivity growth. *Journal of Economics*,1979(1).

[214] Jaffe A. Real affects of academic research. *American Economics Review*,1986(5).

[215] Anselin L,Varga A,Acs Z. Local geographic spillovers between university research and high technology innovations. *Journal of Urban Economics*,1997(3).

[216] Varga A. Local academic knowledge transfors and concentration of economic activity. *Journal of Regional Science*,2000(2).

[217] Greunz L. Geographically and technologically mediated knowledge spillovers between European regions. *The Annals of Regional Science*,2003(4).

[218] Kraft J,Kraft A. On the relationship between energy and GNP. *Energy Development*,1978(2).

[219] Yu H,Choi Y. The causal relationship between electricity and GNP：an International Comparison. *Journal of*

Energy and Development,1985(2).

[220] Soytas U,Sari R. Energy consumption and GDP: causality relationship in G−7 countries and emerging market. *Energy Economics*,2003(1).

[221] Ozturk I,Aslan A,Kalyoncu H. Energy consumption and economic growth relationship:evidence from panel data for low and middle income countries. *Energy Policy*,2010(8).

[222] 周建:《"十五"关于经济与能源增长速度制订的合理性分析》,《统计研究》,2002 年第 3 期。

[223] 韩智勇,魏一鸣,焦建玲,等:《中国能源消费与经济增长的协整与因果关系分析》,《系统工程》,2004 年第 12 期。

[224] 吴巧生,成金华,王华:《中国工业化进程中的能源消费变动》,《中国工业经济》,2005 年第 4 期。

[225] 吴巧生,陈亮,张炎涛,成金华:《中国能源消费与 GDP 关系的再检验》,《数量经济技术经济研究》,2008 年第 6 期。

[226] 赵进文,范继涛:《经济增长与能源消费内在依从关系的实证研究》,《经济研究》,2007 年第 8 期。

[227] 刘建翠:《R&D 对我国高技术产业全要素生产率影响的定量分析》,《工业技术经济》,2007 年第 5 期。

[228] Guellec D,Pottelsberghe V,Potterie D. From R&D to productivity growth: do the institutional settings and the source of funds of R&D matter? *Oxford Bulletin of Economics and Statistics*,2004(3).

[229] 唐玲,杨正林:《能源效率与工业经济转型》,《数量经济技术经济研究》,2009 年第 10 期。

[230] Barney G,Eberlein R. The threshold 21 sustainable development model. *System Dynamics*,1995(1).

[231] Brown L. *Who will feed China? Wake-up call for a small planet*. Norton,1995.

后　记

　　本书是在李文超的博士论文基础上修改、充实而成的,主要有两大方面的改动:一是理清全书逻辑思想,增加了有关方面的最新研究文献,将生态创新、生态消费和生态规制三者之间的协同联动关系与可持续发展相联系,增加了一定的实证案例,完善了生态消费和生态创新的相关定义,强调国际贸易对生态创新的重要性。二是增加系统动力学模型中的灵敏度分析,进一步拓展在生态创新和生态消费协同作用和单一作用之间的差别,设置生态规制的变动系数,从而设计四种方案并得出不同结论。由于我们学术能力有限,未能将生态规制设置为动态变化的存量而完善系统动力学模型,很多理论尚缺乏一定的实证研究,也未能深入挖掘数据与经济理论之间的关联,这也是我们下一步的研究方向,恳请学术前辈与同仁不吝赐教指正。

　　写完这样一本书,首先要感谢我们的第一恩师——武汉理工大学经济学院赵玉林教授。感谢他及同门在五年多的时间里对书稿提出了宝贵的修改意见,使得书稿的质量得到极大的提升。感谢恩师在构思和撰写博士论文的三年多时间里对我们耐心指点,引导我们对选题有了深入的了解和掌握了进一步提升的路径。

　　其次要感谢我们的父母,他们不辞辛劳地帮助我们抚养年幼的孩子,使我们能够专心研究,同时顺利完成了各自的博士论文,并有时间完成此书稿。谨以此书献给我们调皮可爱的儿子李溯勋,希望他长大后能通过不断的学习提高自己的知识水平。

最后也要感谢江苏大学出版社的大力支持和江苏大学专著出版基金的资助,使我们能够在博士论文的基础上进一步提升书稿质量。

2013 年 9 月于镇江